D1942745

MYTHISCHE ORTE AM OBERRHEIN

Edith Schweizer-Völker
Martin Schulte Kellinghaus

MYTHISCHE ORTE AM OBERRHEIN

BAND 2

Ausflüge in die Dreiländerregion Elsass – Südbaden – Nordwestschweiz

Christoph Merian Verlag

INHALT

Südbaden

Anhang

Vorwort

Können Sie sich vorstellen, dass es noch Gegenden mit weitgehend unbekannten Orten gibt – Orte, deren ganz eigener Zauber und Reiz lange Zeit allein über Geschichten und Mythen lebendig gehalten wurde? Die Oberrheinregion zwischen Schwarzwald, Vogesen und Jura verfügt noch immer über solche Refugien. Zahlreiche Orte warten darauf, aus ihrem Schattendasein erlöst und neu entdeckt zu werden. Verknüpft mit Sagen und Legenden, können sie eine besondere Stimmung ausstrahlen. Die Existenz einer Quelle etwa, die einem Fels entspringt, erhält dank diesen fantasievollen Überlieferungen eine reiche und eigene Bedeutung. Mit ihren zahlreichen Sammlungen von Sagen aus dem Elsass, der Nordwestschweiz und aus Südbaden besitzt die Regio einen reichen Schatz solcher Mythen.

Im vorliegenden zweiten Band der Buchreihe ‹Mythische Orte am Oberrhein› haben Edith Schweizer-Völker und Martin Schulte-Kellinghaus gemeinsam mit dem Christoph Merian Verlag erneut das grosse Schatzkästlein bemerkenswerter Kleinode in der Dreiländerregion Frankreich-Deutschland-Schweiz für Sie geöffnet. Sie haben sich in Wort und Bild auf die Spurensuche begeben und dabei ein erstaunlich dichtes Wissen über solche Plätze und Orte zutage gefördert. Zuweilen führte sie ihr Weg über die Grenzen der politisch definierten Oberrheinregion hinaus, weil der Oberrhein diesmal als kulturell-historischer Raum im Vordergrund stehen soll.

Bereits im Jahr 2005 hatten Edith Schweizer-Völker und Martin Schulte-Kellinghaus den ersten Band von ‹Mythische Orte am Oberrhein› im Christoph Merian Verlag herausgegeben. Das Buch sollte den Impuls für weitere Vorhaben zu diesem Thema geben. So gelang es den beteiligten Kommunen und touristischen Einrichtungen, in enger Zusammenarbeit mit Autoren und Verlag ein gemeinsames touristisches Projekt aufzusetzen, um das zunehmende Interesse an diesen legendenumwobenen Orten mit umfangreichen Erläuterungen auf Informationstafeln, in Broschüren und im Internet zu unterstützen. Die Kooperation gestaltete sich über regionale und nationale Grenzen hinweg erfolgreich und mündete in die Gründung des Vereins ‹Mythische Orte am Oberrhein e.V.›.

Deutlich wurde dabei, dass es auch nach dem ersten Band noch immer eine Vielzahl historisch-kultureller Besonderheiten aufzuspüren gibt. Deshalb laden Autoren und Verlag wiederum zu einer mythischen Entdeckungsreise ein. Sie machen bekannt mit interessanten und spannenden Legenden, die Jahrhunderte lang zunächst mündlich überliefert und schliesslich in schriftlicher Form in Archiven und Dokumentationen erhalten wurden. Für jeden Ausflug stellen sie praktische Informationen über Anreise, Öffnungszeiten und Besonderheiten bereit, und nicht zuletzt beschreiben sie traditionelle Veranstaltungen und Festtage, die im Zusammenhang mit diesen Mythen entstanden sind und nur an diesem Ort liebevoll gepflegt und regelmässig begangen werden.

Der Oberrhein zeigt einmal mehr eine neue, attraktive und manchmal geheimnisvolle Facette seiner vielfältigen Möglichkeiten, die es zu erschliessen gilt.

Gudrun Heute-Bluhm
Oberbürgermeisterin der Stadt Lörrach
Vorsitzende des Vereins ‹Mythische Orte am Oberrhein e.V.›

Die St. Jakobskirche an der Birs

BASEL

ANFAHRT
Tram oder Bus bis Haltestelle St. Jakob

ÖFFNUNGSZEITEN
Sonntags 9–12 Uhr (Gottesdienst)

HINWEIS
Hinter dem Parkplatz St. Jakob: Merian Park Brüglingen mit Botanischem Garten, Mühlenmuseum (ganztags offen) und Kutschenmuseum (geöffnet Mi, Sa, So 14–17 Uhr)

Über neunhundert Jahre alt ist die kleine Kirche zu St. Jakob an der Birs, die ursprünglich dem Kloster St. Alban unterstellt war. Heute gehört sie der evangelisch-reformierten Kirche Basel-Stadt und ist eines von drei Gotteshäusern der Münstergemeinde. Die Wandbilder beidseits des Eingangs wurden 1917 vom Basler Maler Alfred Heinrich Pellegrini geschaffen und stellen den Kampf der Eidgenossen und den Tod des gegnerischen Ritters Burkard Münch von Landskron in der Schlacht von St. Jakob im Jahr 1444 dar.

Wenn von St. Jakob, mundartlich ‹Joggeli›, die Rede ist, denkt man heute meist an das Fussballstadion oder an das Schwimmbad an diesem Ort. Das Kirchlein aber zeugt von einer Zeit, als das Gelände noch vor den Toren der Stadt lag und Reisende hier vor oder nach der Überquerung der Birs inne hielten, um ein Gebet an Jacobus Maior, den Schutzpatron der Reisenden, zu richten. So wird der Apostel Jakobus der Ältere, der Bruder des Johannes, üblicherweise mit Hut und Reisemantel, Pilgerstab, Flasche, Jakobsmuschel und Buch dargestellt. Als erster der Apostel hat Jakobus im Jahr 44 unter Herodes Agrippa den Märtyrertod erlitten. Mittelalterliche Legenden berichten, sein Leichnam sei dann auf wunderbare Weise nach Spanien gelangt. Nach alter Überlieferung befindet sich sein Leib in Santiago de Compostela, wo sich eine Wallfahrt etablierte, die im 13. Jahrhundert ihren Höhepunkt erreichte. In der Basler

Jakobus der Ältere mit Pilgerstab, barocke Schnitzfigur an der Brüstung der Orgelempore

St. Jakobskirche befindet sich eine geschnitzte Figur des Heiligen aus dem 17. Jahrhundert, die am benachbarten Zoll- und Wirtshaus angebracht gewesen sein soll.
Um 1300 dürfte die Kapelle erweitert worden sein; für ihren Unterhalt war das benachbarte Leprosorium, das um 1250 gegründete Siechenhaus, zuständig. Durch die Kreuzzüge wurde damals der Aussatz eingeschleppt. Auch andere von ansteckenden Krankheiten heimgesuchte Menschen fanden im

Siechenhaus zu St. Jakob Aufnahme. Der historische Gebäudekomplex (St. Jakobs-Strasse 351–371) ist erhalten geblieben und gehört mit Ausnahme der Kirche zum umfangreichen Grundbesitz der Christoph Merian Stiftung; dazu zählt auch das gegenüberliegende Brüglinger Gut.
1419 beschädigte ein Hochwasser die Kapelle schwer. Da das Kloster St. Alban 1383 die weltliche Gerichtsbarkeit von der St. Alban-Vorstadt bis zur Birsbrücke an die Stadt abgetreten hatte, war nun der städtische Rat für den Wiederaufbau

verantwortlich. Am 26. August 1444 richtete die Schlacht zwischen Eidgenossen und Armagnaken an Kapelle und Siechenhaus grossen Schaden an; nur der Chor blieb weitgehend verschont. Diesmal sprang das in Basel versammelte Konzil in die Bresche und gewährte einen Ablass zum Wiederaufbau.

1529 fielen die Altäre dem Bildersturm zum Opfer. 1894 wurde ein Ratschlag zur Vergrösserung der Kapelle nach Plänen

des Kantonalen Hochbauamtes vom Grossen Rat genehmigt. Sogleich wurde das kleine Gotteshaus abgebrochen, womit der gesamte Bestand an wertvollen Wandmalereien zugrunde ging. Das Langhaus wurde neu aufgebaut, und anstelle des bisherigen Chors entstanden ein breites Querhaus und dahinter ein Altarhaus unter Verwendung der alten Chorgewölbe und des Triumphbogens.

Glücklicherweise haben die beiden Künstler Franz Baur und Louis Schwehr in letzter Minute Zeichnungen und Aquarelle der Fresken angefertigt. Die ältesten Malereien müssen um 1300 entstanden sein und sind stilistisch verwandt mit jenen in der Kirche von Ziefen (siehe S. 58–61). Sie stellten die Legende des heiligen Jakobus des Älteren dar, wie sie in der Legenda aurea des Genueser Erzbischofs Jacobus de Voragine um 1260 überliefert ist. Gezeigt wurde etwa das ‹Galgenwunder›: Der Heilige rettet einen Santiago-Pilger, der in Toulouse von einem betrügerischen Wirt des Diebstahls bezichtigt und deshalb unschuldig gehenkt wird. Man sah auch den Gang des heiligen Jakobus zur Richtstätte, auf dem er verschiedene Wundertaten vollbrachte.

Ebenfalls einen unschätzbaren Verlust bedeutete die Zerstörung eines Wandbildes aus der Zeit um 1420, das die Begegnung der drei Lebenden und der drei Toten darstellte. Auf den beigefügten Spruchbändern war vermutlich zu lesen: ‹Was ihr seid, das waren wir, was wir sind, das werdet ihr sein›. Eine solche Darstellung hat sich in der evangelischen Kirche von Badenweiler erhalten. Im unteren Abschnitt der Nordwand führte ein friesartiges Gemälde die Legende von den dankbaren Toten vor, die ebenfalls in der Legenda aurea enthalten ist und heute noch im Beinhaus der Muttenzer St. Arbogastkirche zu sehen ist (siehe S. 41).

Auf dem kleinen, ummauerten ehemaligen Friedhof sind ein paar Grabsteine erhalten geblieben. Dass der Gottesacker noch im 19. Jahrhundert benutzt wurde, zeigt das hinter dem Brunnen zwischen Gebüsch eingebettete Grab der Ursula Böcklin, der Mutter des berühmten Basler Malers Arnold Böcklin.

Bekanntheit erlangte St. Jakob an der Birs durch eine Schlacht am 26. August 1444, bei welcher ein eidgenössisches Kontingent durch die übermächtigen Armagnaken aufgerieben wurde. Im Siechenhaus endete der ungleiche Kampf, der in der schweizerischen Geschichtsschreibung lange Zeit zu einer Heldentat hochstilisiert wurde.

Heute liegt das Kirchlein St. Jakob an einer viel befahrenen Strasse. Wer Beschaulichkeit sucht, findet sie im nahen Brüglinger Park mit Botanischem Garten, dem Kutschen- und dem Mühlenmuseum, einem schönen Weiher und vielen lauschigen Ecken.

Das Labyrinth bei St. Leonhard

BASEL

ANFAHRT

Tram bis Haltestelle Musikakademie

ÖFFNUNGSZEITEN

Leonhardskirche mit Krypta: Di–Fr 9–17 Uhr, So 9–12 (Gottesdienste)

HINWEIS

Begehung des Labyrinths: jeden 13. eines Monats um 18.00 Uhr

An vielen Orten sind in den letzten Jahren begehbare Labyrinthe entstanden, so auch in Basel. An jedem Dreizehnten des Monats um sechs Uhr abends lädt die ‹Labyrinth-Gruppe› alle Interessierten ein zu einem Gang durch das Labyrinth auf der ‹kleinen Pfalz› am Leonhardskirchplatz mit Einführung, Gespräch und Informationsaustausch. Das dort mit Steinen im Boden eingelassene Labyrinth ist aus einer Initiative der erwähnten Frauengruppe hervorgegangen, die dafür an diesem ruhigen, geschützten und leicht zugänglichen Platz im Herzen der Stadt einen idealen Ort fand und die Idee 2002 mit Unterstützung der Projektstelle für Frauen im ‹Forum für Zeitfragen› und der Christoph Merian Stiftung verwirklichen konnte. Der Entwurf mit den gesetzten Steinen stammt von der Künstlerin Agnes Barmettler aus Wölflinswil; eine Besonderheit bilden darin die Umgänge um die beiden Linden auf dem Platz.

Vorgängig war bereits 1991 in Zürich von Frauen ein Pionierlabyrinth realisiert worden. Dieses von vielen Veranstaltungen belebte Labyrinth auf der Zürcher Zeughauswiese im Kasernenareal war der erste Schritt zu einer internationalen Bewegung, die Labyrinthe wieder in den öffentlichen Raum bringen will. «In seiner uralten Weisheit hilft das Labyrinth, wie keine andere Kulturform, bei der Erforschung der Lebensgesetze», schreibt die Initiativgruppe in ihrem Informationsblatt. Die beinahe weltweite Verbreitung von begehbaren Labyrinthen lässt vermuten, dass diese ursprünglich die Bedeutung von Kultsymbolen hatten, indem sie auf kleinem Raum einen verschlungenen, Kraft und Zeit fordernden Weg – zum Beispiel der Einweihung – verkörperten, der im Zentrum Umkehr und Neuausrichtung erfordert.

Die älteste datierbare Darstellung ist in ein über 3000 Jahre altes Tontäfelchen geritzt, das aus dem Palast von Pylos auf dem Peloponnes stammt. Aus der griechischen Mythologie kennt man die Geschichte des kretischen Königs Minos, der im Palast von Knossos ein Gewirr von Gängen erstellen liess, in dessen Mitte er ein Mischwesen mit Stierkopf gefangen hielt. Diesem Stiermenschen wurden Menschenopfer dargebracht, bis der Held Theseus das Ungeheuer erschlug und dank des Fadens der Königstochter Ariadne wieder zum Eingang des Labyrinths zurückfand.

In Skandinavien, vor allem auf Gotland, kennt man labyrinthische Steinsetzungen, sogenannte Trojaburgen, in deren Windungen kultische Tänze stattfanden. In mittelalterlichen Kathedralen, beispielsweise in Chartres, wurden Labyrinthe als ‹Weg nach Jerusalem› christlich umgedeutet und von Gläubigen zum Zeichen der Demut auch auf den Knien begangen.

Im Barock und im Rokoko wurden die ursprünglich nach einem klaren Schema konstruierten Labyrinthe durch Irrgärten abgelöst, die einzig dem spielerischen Vergnügen der Parkbesucher dienten, wie das auch heute wieder vielerorts zwischen Hecken, Mauern und Maispflanzen der Fall ist. Als Wegführung zum Ziel und damit letztlich zu sich selbst darf das an das Chartres-Labyrinth angelehnte Logo für das Interreg-Tourismus-Projekt ‹Mythische Orte am Oberrhein› verstanden werden, das aufgrund des ersten Bandes des gleichnamigen Kulturführers entwickelt worden ist und nun alle zugehörigen Publikationen und die Informationstafeln an den entsprechenden Orten ziert.

Der Leonhardskirchplatz, auf dem sich das Basler Labyrinth befindet, ist ein alter legendenumwobener Ort. Die Ursprünge der heute reformierten Kirche liegen im Dunkeln; man nimmt an, dass der erste Bau um 1060 entstanden ist. 1135 führten hier Mönche aus Marbach im Oberelsass die Regel Augustins ein. Zum Gründungsbau gehörten ein Spital für Bedürftige am Leonhardsberg und ein Siechenhaus am Gerberberg. Nach dem grossen Erdbeben von 1356 ermöglichten verschiedene

Stifter den Wiederaufbau. Ritter Hüglin von Schönegg – ein päpstlicher Söldnerführer – stiftete als Grablege die Theobalduskapelle, die er auch mit Reliquien ausstattete. Nicht versäumen sollte man einen Gang in die Hallenkrypta, die vermutlich dem heiligen Mauritius geweiht war. Sie bildet den einzigen Überrest des romanischen Gründungsbaus und ist ein stimmungsvoller Raum, der zum Innehalten einlädt.

Romanische Krypta in der Leonhardskirche

Germanus mit dem prunkvollen Krummstab

DELÉMONT

ANFAHRT
Bahn bis Delémont

WEG
5 Gehminuten hinauf in die Altstadt zur Place de l'Eglise Saint-Marcel

ÖFFNUNGSZEITEN
Eglise Saint-Marcel tagsüber offen

HINWEIS
Musée jurassien d'art et d'histoire, 52 Rue du 23-Juin: geöffnet Di–So 14–17 Uhr

Rund 1350 Jahre alt ist der prachtvoll verzierte Abtstab des heiligen Germanus – er ist weltweit einer der ältesten Krummstäbe und gehörte zum Schatz des Klosters Moutier-Grandval (Münster-Granfelden), deren erster Abt der Heilige war. Im Musée d'art et d'histoire in Delémont (Delsberg) lässt sich das kostbare Objekt bewundern, zusammen mit zwei bestickten, seidenen Pontifikalschuhen, weissen Strümpfen aus feinem Leinengarn, einem Ärmel und einem Hanfseil (Gürtel). Heute nimmt man allerdings an, dass diese weiteren Gegenstände dem Heiligen erst später zugeschrieben wurden.

Die Lebensgeschichte des Heiligen hat der Mönch Bobolenus von Luxeuil am Ende des 7. Jahrhunderts festgehalten. Er schreibt, dass er die Aussagen von Mönchen in Moutier-Grandval, die Germanus noch gekannt hatten, zusammengetragen habe. Nach dieser Quelle kam Germanus 612 als Mitglied einer einflussreichen Senatorenfamilie in Trier zur Welt; er verzichtete aber auf weltliche Güter und trat ins angesehene Kolumban-Kloster Luxeuil ein. Bald nach der Priesterweihe wurde ihm von Abt Waldebert die Leitung des neu gegründeten Klosters Grandval übertragen. Nach der Legende schaffte Germanus mit seinen Mitbrüdern eigenhändig die Felsen weg, die den Weg durch die Klus von Choindex versperrten; damit wurde die alte Römerstrasse vom Rheinknie durch den Jura zum Bielersee wieder instand gesetzt. Dies weckte das Inter-

Abtstab des Heiligen Germanus, heute im Musée d'art et d'histoire in Delémont

esse des elsässischen Herzogs Eticho, der 675 die Region mit alemannischen Truppen überfiel. Germanus eilte mit seinem Gefährten Randoaldus herbei, um die Bevölkerung zu schützen und wohl auch um den Einfluss seines Klosters zu sichern. Nach einer stürmischen Unterredung mit Eticho wurden die beiden Männer von Soldaten eingeholt, entkleidet und beim heutigen Dorf Saint-Dizier-l'Evêque (in Frankreich nahe der Schweizer Grenze bei Boncourt; siehe auch S. 98–103) hinge-

richtet. Die Mönche konnten nur die Leichen und den Gürtel von Germanus bergen.

Heute werden die Gebeine der beiden Heiligen – reich verziert und in Purpurmäntel gehüllt – in gläsernen Schreinen im Chor der Pfarrkirche Saint-Marcel in Delémont aufbewahrt. Hier befindet sich auch eine Sitzfigur des Heiligen von Martin Lebzelter. Der heilige Germanus erscheint überdies auf einem Glasgemälde im Münster von Freiburg im Breisgau, wo er mit Kapuze, Stab, Buch und Palme dargestellt ist.

In der Germanus-Vita von Bobolenus werden von den angeblich zahlreichen Wundern drei ausführlich beschrieben. So soll im Augenblick des Martyriums die Stimme Gottes verkündet haben, dass Germanus ins Paradies aufgenommen worden sei. Zur folgenden Weihnachtszeit habe ein starkes Licht den Ort der Untat beleuchtet. Und am ersten Jahrestag von Germanus' Tod sei ein Kranker durch den Gürtel des Heiligen geheilt worden: Der auf der Türschwelle liegende Mann bat um Be-

rührung des Hanfseils, das an der Wand hing. Das wurde ihm zwar nicht gewährt, doch tauchte man den Gürtel in einen Kelch mit Wasser und reichte ihn dem Kranken zum Trinken, worauf dieser sogleich genas.

Eine wissenschaftliche Altersbestimmung durch Isotopenmessung (C14-Methode) ergab, dass das heute vorhandene Seil nicht aus der Zeit des Germanus, sondern aus dem 12. Jahrhundert stammt. Eine Analyse des Haselnussholzes des Krummstabs zeigte jedoch, dass dieser um das Jahr 665

Germanus-Schrein über dem Altar der Pfarrkirche Saint-Marcel

gefertigt wurde – ein Datum, das den tradierten Bezug zu Germanus erhärtet.

Schon zu Lebzeiten des Germanus hat sich das Kloster Moutier-Grandval, dem der Heilige fünfunddreissig Jahre lang vorstand, zu einer bedeutenden Abtei entwickelt. Im Jahr 999 schenkte der letzte Burgunderkönig Rudolf III. auf Vorschlag seiner Gattin Agaltrudis das mächtige Kloster Grandevallum und dessen reichen Grundbesitz mit den Klöstern Saint-Ur-

sanne und Saint-Imier dem Basler Bischof Adalbero II. Damit legte das vornehme Paar, das keine direkten Nachkommen hatte, den Grundstein zum später mächtigen Fürstbistum Basel. Ein Teil der Forschung geht davon aus, dass die Diözese Basel den Stab in ihrem Wappen als Reverenz an den ersten Abt des Klosters Moutier-Grandval übernommen habe. Damit wäre letztlich auch der Baselstab in den Wappen der Kantone Basel-Stadt und Basel-Landschaft auf den Krummstab des Germanus zurückzuführen.

Germanus-Figur im Musée d'art et d'histoire in Delémont

Die Spuren der Abtei, die um 1120 in ein Chorherrenstift umgewandelt wurde, sind heute verschwunden; Brände und die Reformation haben dazu geführt, dass sie schliesslich dem Zerfall preisgegeben wurde. Auf den Ruinen der Collégiale Saint-Germain steht heute in Moutier eine reformierte Kirche, eine Kopie des 1858 abgetragenen Vorgängerbaus. Im Jahr 1960 stiess man hier während Renovationsarbeiten auf den ursprünglichen Fussboden und fand den Begräbnisort des heiligen Germanus und ein weiteres Grab – wahrscheinlich jenes des heiligen Randoaldus.

FRENKENDORF

ANFAHRT
Bahn oder Bus bis Frenkendorf
WEG
Mit dem PKW oder rund 1 Std. zu Fuss von Frenkendorf bis Schauenburgerfluh
ÖFFNUNGSZEITEN
Gelände jederzeit zugänglich

Auf der Schauenburgerfluh, einem der schönsten Aussichtspunkte des Kantons Basel-Landschaft, befindet sich ein gallorömisches Höhenheiligtum. Der Tempel wurde bereits gegen die Mitte des dritten Jahrhunderts möglicherweise durch ein Erdbeben zerstört, doch zeigen Münzfunde, dass dem Ort offenbar bis um 400 eine kultische Bedeutung beigemessen wurde. Die Aussicht reicht von hier über das Ergolztal und seine Seitentäler vom Kettenjura bis zum Rhein. An besonders klaren Tagen zeigen sich über den Hauensteinpasslücken im Südosten weisse Alpengipfel, und im Norden fällt der Blick jenseits des Rheins hinüber zum Schwarzwald.

Schon im 18. Jahrhundert wurden hier römische Münzen gefunden, doch erst 1961 erfolgten systematische Grabungen, bei denen Mauerreste eines gallorömischen Umgangstempels freigelegt wurden. Dabei liessen sich der Grundriss der quadratischen Cella, des Kultraums des Tempels, und ein äusseres Quadrat von geringerer Mauerstärke eruieren. Das Gebäude muss also aus einem turmartigen Mittelteil und einer offenen Laube bestanden haben, deren Dach vermutlich auf Holzpfosten ruhte. Innerhalb der Cella liegt ein altarähnliches Felsgebilde, das von einer Steinpflasterung umgeben war. Da die Mauern über dieser Pflasterung angelegt und damit jünger sind, könnte die Steinsetzung um den Felsklotz den Überrest einer Kultstätte aus der Zeit vor dem Bau der gemauerten

Sonnenaufgang am 19. April, dem Fest der römischen Fruchtbarkeitsgöttin Ceres, Blick von der Schauenburgerfluh auf den ‹Sunneberg›

Cella darstellen. Dafür sprechen auch Knochenfunde von kleinen Haustierrassen wie des Torfrindes und des Torfschweines, die in Mitteleuropa vom Neolithikum bis in die römische Zeit hinein gehalten wurden.
Der Grabungsleiter Theodor Strübin weist im Baselbieter Heimatbuch von 1973 darauf hin, dass der Tempel nicht nach der Geländeform, sondern nach der Abbruchkante der Fluh orientiert ist und daher auffallend schief steht. Die Abweichung

von 16 Grad aus der Ostrichtung stimmt genau mit derjenigen des Schönbühltempels in Augusta Raurica überein (siehe auch Mythische Orte am Oberrhein, Band 1, S. 28). «Ist es Zufall», fragt Strübin weiter, «dass die Achse des kleinen Tempels genau auf den Gipfel des Sunnenberges bei Maisprach weist, und dass auf dieser Achse zwei weitere römische Siedlungen im Tal von Arisdorf liegen?» Eine ähnliche Achse, so vermutet er, weise um weitere 36 Grad nach Süden gedreht ins Ergolztal. Sie verbinde das Höhenheiligtum unter anderem mit der

Überreste des gallo-römischen Tempels auf der Schauenburgerfluh ehemaligen Kirche von Munzach, der Stadtkirche von Liestal (siehe auch S. 30–35), den römischen Fundstellen von Lausen-Edleten sowie mit der Kirche und der römischen Fundstelle Bützenen in Sissach.

Möglicherweise ist der frühere Brauch der Jugendlichen von Frenkendorf und Pratteln, in der Nacht zum ersten Maisonntag auf die ‹Schämprgflue›, wie man die Schauenburgerfluh hier nennt, zu steigen, um dort den Sonnenaufgang zu erleben und am Lagerfreuer Geselligkeit zu pflegen, ein Nachklang eines alten Kults. Strübin stellte fest, dass gleich wie beim Schönbühltempel in Augst auch auf der Schauenburgerfluh der erste Strahl der aufgehenden Sonne am 19. April in die Tempelachse fällt. An diesem Datum wurden nach dem römischen Festkalender die Cerealia gefeiert, das Fest zu Ehren der Ceres, der Göttin des pflanzlichen Wachstums.

Die Kirche St. Martin im Herzen des ‹Stedtli›

LIESTAL

ANFAHRT

Bahn oder Bus bis Liestal

WEG

5 Gehminuten vom Bahnhof ins Stadtzentrum, gegenüber Rathaus Durchgang zum Kirchplatz

ÖFFNUNGSZEITEN

Winter 8–16 Uhr, Sommer 8–19 Uhr

HINWEISE

Kantonsmuseum Baselland, Zeughausplatz 28: geöffnet Di–Fr 10–12 und 14–17 Uhr, Sa/So 10–17 Uhr

Dichter- und Stadtmuseum, Rathausstrasse 30: geöffnet Di–Fr 14–17 Uhr, Sa/So 10–16 Uhr

‹Kienbesenumzug› am Sonntag nach Aschermittwoch um 19 Uhr: Umzug mit brennenden ‹Kienbesen› (gebündelte Föhrenscheite) und ‹Feuerwagen›

Vier schmale Durchgänge führen in der Altstadt von Liestal, hier liebevoll ‹Stedtli› genannt, zu einem gänzlich von Häusern umschlossenen kleinen Platz, in dessen Mitte sich die nach Osten ausgerichtete Stadtkirche St. Martin erhebt.

Der Sporn, auf dem heute die Altstadt von Liestal steht, trug schon seit dem 1. Jahrhundert nach Christus eine römische Ansiedlung unbekannter Funktion. Anlage und Grösse des Kirchengevierts lassen, wie der Kantonsarchäologe Jürg Tauber vermerkt, mit einiger Wahrscheinlichkeit auf ein spätrömisches Kastell schliessen. Reto Marti hat gezeigt, dass auch für das Mittelalter eine kontinuierliche Besiedlung postuliert werden kann. In diesem vorstädtischen Siedlungskern liessen vermutlich fränkische Adlige im 7. Jahrhundert eine erste Kirche errichten. Mehrfach umgebaut und erweitert ging daraus im Lauf der Jahrhunderte die heutige Stadtkirche hervor.

Archäologische Untersuchungen im Jahr 2005 lassen auf eine komplexe Baugeschichte schliessen; das Glanzlicht dieser Grabung war die Entdeckung eines Münzschatzes aus dem 10. Jahrhundert. Nach der Konservierung und Analyse der 36 Silberdenare wird man mehr über die Stellung Liestals in der damaligen Zeit in Erfahrung bringen können. Die ältesten Spuren sind allerdings im heutigen Kirchenschiff zu suchen, das in dieser Grabung unangetastet blieb.

Die Patrone der Liestaler Kirche, darunter Sankt Martin, Sankt Brida, Sankt Georg und Sankt Apollinaris, zeugen von der wechselnden Einflussnahme politischer Mächte hier am Zugangsweg zum Hauenstein, einem Pass von europäischer Bedeutung. Martin ist der merowingisch-fränkische Nationalheilige – eine Martinskirche mitten in einem spätrömischen Kastell macht ein starkes Interesse der merowingischen Verwaltung an diesem Ort deutlich. Beim Patrozinium der heiligen Brida (Brigitta), der um 453 geborenen Patronin von Irland und Gründerin des berühmten Doppelklosters in Kildare, zeigt sich der Einfluss der iroschottischen Mönche aus dem Kloster Honau bei Strassburg, hinter dem das elsässische Herrscherhaus der Etichonen stand. Dies gilt gleichermassen für das Strassburger Domstift, dem Muttenz mit der Kirche St. Arbogast gehörte (siehe S. 36–41). Die Wahl der Nebenpatrone Sankt Georg und Sankt Apollinaris könnte hingegen als karolingische Gegenreaktion auf den Einfluss der Etichonen erklärt werden. Diese noch unveröffentlichten Überlegungen hat die Historikerin Maria Wittmer-Butsch im Rahmen eines Nationalfondsprojekts angestellt.

Um die Mitte des 13. Jahrhunderts – wohl infolge der Stadtgründung um 1240 – wurde eine vergrösserte Kirche errichtet: eine dreischiffige Basilika mit vermutlich rechteckigem Chor. 1506/07 entstand ein neuer, polygonaler Chor, überspannt mit einem spätgotischen Netzgewölbe; die Kosten dafür beliefen sich auf 400 Gulden, was die Stadt in arge Geldnöte brachte. Wie es damals üblich war, bat Liestal die eidgenössischen Orte um die Stiftung von Wappenscheiben für den Chor. Basel, Bern, Zürich, Solothurn und Luzern leisteten der Aufforderung Folge; heute befinden sich die kostbaren Standesscheiben in den Fenstern der Südseite.

Im ausgehenden Mittelalter werden neben den erwähnten noch weitere Heilige als Kirchenpatrone genannt, so etwa

1507 Sankt Eusebius. An die Stelle der Brida trat nun die heilige Katharina, und mit dem Kauf Liestals durch den Bischof von Basel im Jahr 1305 war auch die Stiftung eines Altars für Maria, die Patronin der Stadt Basel, erfolgt.
Am Ende des 15. Jahrhunderts gab es in Liestals Stadtkirche eine grosse Zahl von Altären; bezeugt sind Kapläne der Altäre des heiligen Oswald, des Heiligen Kreuzes und der Trinität, der Heiligen Drei Könige, des heiligen Erhard und des Sankt

Theobald (siehe auch Mythische Orte am Oberrhein, Band 1, S. 158–163) sowie der Heiligen Crispus und Crispianus. Somit waren hier ausser dem Leutpriester und dem Frühmessner sieben Kapläne tätig. Mit der Reformation wurden alle Kaplanstellen abgeschafft und auch die reiche Ausstattung des Kircheninneren ging weitgehend zugrunde.
Die Zunahme der Bevölkerung erforderte 1606 die Errichtung von zwei Emporen und die Anschaffung von «61 Mannen- und 43 Weiberstühlen». 1619 folgte der Bau eines neuen Turms;

Kirchplatz in Liestal

in dessen Fundamenten fanden sich eine Grabplatte aus dem späten 13. Jahrhundert und das Stück einer romanischen Bogenleibung. Interessanterweise sind die Steinmetzzeichen an den Fenstern und den Pfeilerfronten die gleichen wie jene am Chor der Kirche St. Chrischona bei Bettingen (siehe Mythische Orte am Oberrhein, Band 1, S. 15–17). 1942 errichtete man eine neue, grössere Empore und frischte das mit reichen Schnitzereien versehene, gotische Chorgestühl auf.

Erst kürzlich wurden das Innere der Kirche und der Kirchhof renoviert.

Am Funkensonntag (Sonntag nach Aschermittwoch) wächst Liestal, die kleine Hauptstadt des Kantons Basel-Landschaft, gleichsam über seine Grenzen hinaus. An diesem Tag findet der Kienbesenumzug statt, der es inzwischen zu internationaler Berühmtheit gebracht hat: Vom Burghügel mit dem traditionellen Fasnachtsfeuer zieht gegen sieben Uhr abends ein Tross von vermummten Frauen und Männern mit lodern-

Kienbesenumzug durch die Altstadt von Liestal

den Kienbesen (gebündelte Föhrenscheite) auf den Schultern durchs ‹Törli› in die Stadt hinein, gefolgt von eisernen Feuerwagen, die den Schaulustigen am Strassenrand gehörig ‹einheizen›. Bis zu den Dachgiebeln hinauf schlagen die Flammen und tauchen die Häuserfassaden in ein gespenstisches Licht.

Das Weltgericht in Kirche und Beinhaus

MUTTENZ

ANFAHRT
Bahn bis Muttenz oder Tram bis Muttenz Dorf Bus bis Haltestelle Mittenza (eingeschränkte Verkehrszeiten)

WEG
15 Gehminuten ab Bahnhof, 8 Gehminuten ab Tramstation Muttenz Dorf durch die Hauptstrasse

ÖFFNUNGSZEITEN
Kirche 9–18 Uhr offen

HINWEISE
‹Weg der Hoffnung›: 6 Stationen mit Kunstwerken ab Kirche/Friedhofweg (Wegweiser mit Taube) bis auf den Wartenberg
Bauernhausmuseum, Oberdorf 4: geöffnet am letzten Sonntag des Monats (ausser Juli und Dezember) 10–12 und 14–17 Uhr

Höllenrachen: Ausschnitt des Weltgerichtsbildes in der Kirche St. Arbogast

Wehrhaft zeigt sich die Kirche St. Arbogast am Fuss des Wartenbergs mit ihrer bis zu sieben Meter hohen, zinnenbewehrten Ringmauer, den beiden Tortürmen und dem kleinen Wachhaus beim Eingang, doch wer das Tor durchschreitet, betritt einen wunderbaren Ort der Stille.

Römische Siedlungsfunde inner- und ausserhalb des Kirchhofs lassen die Vermutung aufkommen, das Gotteshaus sei an der Stelle eines römischen Gebäudes errichtet worden. Ein erster Kirchenbau entstand im 8. Jahrhundert, ein zweiter um das Jahr 1000. Nach der Mitte des 12. Jahrhunderts errichtete man eine romanische Kirche, von der noch der Chor fast vollständig erhalten geblieben ist. Nach einer Beschädigung durch das Erdbeben von 1356 begann 1359 unter Konrad Münch-Löwenberg die Instandstellung und Vollendung des Gotteshauses, und um 1420 liess Hans Thüring Münch die Kirche mit der Ringmauer und den Tortürmen befestigen als Refugium für die Dorfbevölkerung in Kriegszeiten.

Im Hochmittelalter gehörte Muttenz dem Domstift von Strassburg. So wurde die Kirche dem ersten fränkischen Bischof von Strassburg, dem heiligen Arbogast, geweiht, der aus Aquitanien (Südwestfrankreich), nach anderer Überlieferung aber aus Irland oder Schottland stammen soll und um 618 in Strassburg starb. In seiner Legende heisst es, der Heilige habe sich als Einsiedler in einem Wald bei Haguenau im Elsass niedergelassen. Da er angeblich den von einem Eber getöteten Sohn des Frankenkönigs Dagobert ins Leben zurückholte, ernannte ihn dieser zum Bischof von Strassburg. Unter Arbogast sollen die erste Kathedrale der Stadt, ein Vorgängerbau des heutigen Strassburger Münsters, sowie verschiedene Kirchen und Klöster erbaut worden sein. Schon zu seinen Lebzeiten sei er wie ein Heiliger verehrt worden, da er Kranke geheilt, Dämonen vertrieben und Streitigkeiten geschlichtet habe.

Die reichen Wandbilder im Schiff und im Chor der Muttenzer Pfarrkirche stammen aus dem Zeitraum vom 14. Jahrhundert bis zum Jahr 1507. Sie sind nach der Reformation übertüncht und erst im 19. Jahrhundert wieder entdeckt worden. Bei der Gesamtrenovierung der Kirche von 1973 bis 1975 hat man die noch unter weisser Tünche liegenden spätmittelalterlichen Wandbilder freigelegt, konserviert und zum Teil rekonstruiert. Hilfreich waren dabei die Pausen des Historienmalers Karl Jauslin, die dieser bei der vorübergehenden Freilegung der Gemälde anlässlich der Renovation von 1880 angefertigt hatte.

An der Nordwand des Vorchors findet man zwei Darstellungen aus dem Leben des Kirchenpatrons Sankt Arbogast. Das linke Breitbild schildert, wie König Dagobert mit Gefolge den aus dem Tor tretenden Heiligen, der hier entgegen der Legende bereits als Bischof von Strassburg erscheint, um die Erweckung seines Sohnes Siegbert bittet; in der Szene rechts erhebt

sich Siegbert auf der Totenbahre. Der Meister dieses Gemäldes wird der Nachfolge von Konrad Witz zugerechnet.

Unter den übrigen Wandgemälden fällt besonders das monumentale Jüngste Gericht an der Westwand ins Auge, das um 1507 entstanden und 1894 von Karl Jauslin übermalt und ergänzt worden ist. Leider wird es heute durch die Orgel teilweise verdeckt. Auf einer breiten Wolkenbank zeigt sich Christus mit der fürbittenden Maria, Johannes dem Täufer und den sitzenden Aposteln. Links werden die Gerechten von Petrus

Engel blasen zum Jüngsten Gericht: Wandbild im ehemaligen Beinhaus

ins Paradies geführt, während rechts zahlreiche Teufel die Verdammten in den Höllenrachen tragen. Im romanischen Vorchor sind noch schwach sichtbare Überreste eines älteren Weltgerichtsbildes zu entdecken: die Füsse des Weltenrichters und der grüne Höllenrachen am rechten Chorbogen.

Erwähnenswert sind ausserdem die Wandbilder von 1513 an der Fassade und im Inneren des Beinhauses, das im Süden auf der Innenseite der Ringmauer steht. Das kleine Gebäude

stammt aus der zweiten Hälfte des 15. Jahrhunderts und diente anfänglich als Kapelle der Marienbruderschaft, die sich um einen Michaelsaltar versammelte. Heute wird es für kleinere Andachten wie ökumenische Gebete und Meditationen benutzt. An der Fassade erblickt man den Riesen Christophorus, der mit dem Christuskind auf den Schultern durch den Fluss schreitet; in der Mitte steht Erzengel Michael und rechts eine Schutzmantelmadonna. Im Inneren findet man nochmals Erzengel Michael als Seelenwäger und ein weiteres Weltgericht.

Besonders interessant ist das Gemälde an der Westwand mit der Darstellung der alten, im mittelalterlichen Europa weitverbreiteten Legende von den dankbaren Toten, wie sie früher auch in der Basler St. Jakobskirche (siehe S. 14) zu sehen war. Die Geschichte handelt von einem durch Räuber bedrängten Ritter, dem die aus ihren Gräbern steigenden Toten zu Hilfe kommen, weil er beim Vorbeigehen am Friedhof für das Seelenheil der Verstorbenen gebetet hat.

S FINTANVS

Das Kloster Rheinau und der heilige Fintan

RHEINAU

ANFAHRT

Bahn ab Schaffhausen bis Marthalen; von dort mit dem Bus bis Haltestelle Rheinau Post

WEG

5 Gehminuten über den Unteren Steg zur Brücke der Klosterinsel

ÖFFNUNGSZEITEN

Klosterkirche April, Mai und Oktober Di–Sa 14–16 Uhr, So und Feiertage 13.30–17 Uhr / Juni bis September Di–Sa 10–12 und 13.30–17 Uhr, So und Feiertage 10.30–12 und 13–18 Uhr / November bis März geschlossen, Besichtigung der Kirche auf Voranmeldung möglich:
Tel. +41 (0)52 319 31 00

HINWEISE

Aufenthalte im ‹Haus der Stille› auf der Klosterinsel:
Tel. +41 (0)52 304 99 40
www.weggem.ch
Schifffahrt vom Rheinfall bis Eglisau:
Tel. +41 (0)52 659 69 00
www.schiffmaendli.ch

Statue des heiligen Fintan im Chor der ehemaligen Klosterkirche

Wenige Kilometer unterhalb des mächtigen Rheinfalls bei Schaffhausen bildet der Fluss einen Mäander. Das Herzstück dieser reizvollen Stromlandschaft um das malerische Dorf Rheinau ist die über eine Brücke erreichbare kleine Klosterinsel. Nach der Legende soll die Abtei um das Jahr 778 – unter der Herrschaft Karls des Grossen – von Welf dem Grossen aus fränkischem Hochadel gestiftet worden sein. König Ludwig der Deutsche verlieh dem Kloster, das Maria geweiht war, am 12. April 858 freie Abtwahl und Immunität. In der zweiten Hälfte des 9. Jahrhunderts lebten die Mönche bereits nach der Regel des Heiligen Benedikt; unter ihnen befand sich Fintan, der um 800 als Sohn eines fürstlichen Vasallen in Irland geboren worden war. Nachdem ihn Wikinger gefangen genommen und nach den Orkney-Inseln verschleppt hatten, soll er unter grossen Entbehrungen das Gelübde abgelegt haben, die Apostelgräber in Rom aufzusuchen und sein Leben Gott zu weihen. Darauf entkam er nach Schottland und konnte seine Pilgerfahrt nach Rom antreten. Auf dem Rückweg entschloss er sich, als Mönch in Rheinau zu bleiben. Später liess er sich in eine Zelle an der Nordseite der Klosterkirche einmauern und verzichtete auf den grössten Teil der ihm zugeteilten Nahrung zugunsten der Armen. Mehrfach plagte ihn nach der Überlieferung «der Fehler der Gefrässigkeit», den er jedoch zu überwinden verstand. Nach sechzehn Jahren im Kloster habe er schliesslich

alles Essbare gemieden «ausser Fischlein, da er sich im Herrn stärkte». Seine Zelle soll er bis zu seinem Tod im Jahr 878 (oder 881) nicht mehr verlassen haben.
Fintans Sarkophag befindet sich in der Klosterkirche auf der linken Seite des Chores; die Reliquien – das Haupt und einige Knochen, die vor dem Bildersturm von 1529 gerettet wurden – ruhen im barocken Schrein des Fintansaltars. Weitere Fintansreliquien gelangten an das Benediktinerkloster Maria-

stein (siehe Mythische Orte am Oberrhein, Band 1, S. 42–47). Seit 1114 wird Fintan vom Kloster Rheinau als Schutzpatron verehrt.
Im Mittelalter führten fortwährende innere und äussere Streitigkeiten zum Niedergang und zum geistigen Zerfall der Abtei. 1455 stellte Abt Eberhard Schwager das bis dahin reichsfreie Kloster unter den Schutz der sieben alten Orte der Eidgenossenschaft. 1529 schlossen sich die Bürger des Städtchens Rheinau dem neuen Glauben an: Es kam zum Bildersturm.

Der Abt und die Mönche mussten vorübergehend fliehen. Im Ersten Villmerger Krieg von 1656 wurde die Abtei erneut geplündert; sie erholte sich jedoch rasch davon und erlebte im 18. Jahrhundert eine neue Blütezeit.

Der von Parkanlagen gesäumte Klosterkomplex, der die kleine Insel belegt, ist ein überwältigendes barockes Gesamtkunstwerk, errichtet in den Jahren 1704–1717 vom Vorarlberger Baumeister Franz Beer unter Mitarbeit von Peter Thumb. Letzterer ist auch der Erbauer der Wallfahrtskirchen St. Peter (siehe S. 194–199), St. Ulrich (S. 200–203) und Thierenbach bei Guebwiller (S. 114–119). Am östlichen Zipfel des ursprünglich vollständig ummauerten Areals steht das ‹Spitzkirchlein›, eine Maria Magdalena geweihte, gotische Kapelle. Von der im Jahr 1114 geweihten romanischen Basilika hat sich im Südturm noch das Eingangsportal erhalten.

1803 wurde Rheinau politisch dem Kanton Zürich zugesprochen, dessen Behörden die Aufhebung des Klosters verfügten. 1867–2000 waren die Konventsgebäude von der kantonalen psychiatrischen Klinik belegt, während die Klosterkirche ihre Funktion als katholisches Gotteshaus behielt. Auf dem Klosterareal soll in Zukunft ein Zentrum für Kirche, Kultur, Wissen, Kreativität, Soziales und Wirtschaft entstehen. Die politisch und konfessionell neutrale Arbeitsgemeinschaft ‹Pro Insel Rheinau› arbeitet an der Umsetzung dieser Vision.

Seit 2003 betreiben Schwestern der 1990 in Kehrsiten gegründeten, seit 1998 kirchlich anerkannten ‹spirituellen Weggemeinschaft Maria in den Linden› in einem Gebäude hinter dem Kloster das ‹Haus der Stille›. Sie sehen ihre Aufgabe darin, Wegbegleiterinnen zu sein für Menschen auf der Sinnsuche.

RHEINFELDEN CH
ANFAHRT
Bahn bis Rheinfelden CH
WEG
10 Gehminuten vorbei am Rathaus, beim Albrechtsplatz links zur Johanniterkapelle abbiegen
ÖFFNUNGSZEITEN
Schlüssel bei Tourismus Rheinfelden im Rathaus erhältlich (Mo–Fr)
HINWEISE
Fricktaler Museum, Marktgasse 12: geöffnet Mai bis Dezember jeweils Di, Sa, So 14–17 Uhr
Brunnensingen der Sebastianibruderschaft: an Heiligabend um 23 Uhr und an Silvester um 21 Uhr

Spaziert man durch die malerische Marktgasse der alten Zähringerstadt Rheinfelden, erreicht man beim Albrechtsplatz ein schmales Gässlein, das hinunter zum Rhein führt. Auf halbem Weg stösst man dabei auf die nach aussen hin unscheinbare Johanniterkapelle. Auf der gegenüberliegenden Strassenseite befindet sich das Areal der ehemaligen Johanniterkommende. Diese wurde in den Jahren 1456 und 1457 erbaut als Ersatz für die erste örtliche Niederlassung des Johanniterordens, die vor den Stadtmauern gelegen hatte und 1448 im Krieg gegen Habsburg zerstört worden war. 1806 hob der Kanton Aargau die ‹Kommanderie›, wie der Ordenssitz in Rheinfelden genannt wurde, auf und liess das Grundstück 1813 versteigern. Heute befindet sich hier ein Gutsbetrieb.

Die 1458 vollendete gotische Kapelle ist nach Norden zum Rhein hin ausgerichtet; sie gehört heute der Stadt Rheinfelden und wird für Ausstellungen genutzt. An der Fassade steht unter einem kleinen Baldachin die Figur Johannes des Täufers – eine Kopie des beschädigten Originals, das sich im Inneren befindet. Seine hagere Gestalt kündet vom asketischen Leben des Propheten.

An den Kirchenwänden wird man überrascht von dramatischen Darstellungen des Jüngsten Gerichts, die um 1490 von Künstlern aus dem Umkreis Martin Schongauers geschaffen und 1947/50 restauriert wurden. Über dem Triumphbogen thront der auferstandene Christus als Weltenrichter, begleitet von Posaunenengeln, die die Toten zum Gericht rufen. Zur Rechten Christi steigen die Gerechten aus ihren Gräbern und streben empor ins ‹himmlische Jerusalem› zum ewigen Leben; dort werden sie von ihren Vorbildern, den Heiligen, empfangen. Zur Linken des Weltenrichters jedoch werden die Verdammten von Teufeln in die Hölle hinabgerissen. An der Ostwand rund um das Fenster setzt sich das Gemälde

fort; man sieht eine nackte Frau, die von einem Teufel an den Haaren in den Abgrund gezerrt wird. Im Chor, durch den Triumphbogen weithin sichtbar, ist in Überlebensgrösse der heilige Christophorus dargestellt, Schutzpatron der Reisenden und Bewahrer vor Todesgefahr.

An der Ostmauer ist noch die Nische zu sehen, in welcher sich ursprünglich eine Tür befand, die über einen Laubengang zum Ordensritterhaus führte. An der Stelle des barocken Margarethenaltars stand ursprünglich der von Johannes Lösel,

Altartafel aus der Johanneskapelle (Ausschnitt), heute im Rathaus Rheinfelden

dem Komtur von Basel und Rheinfelden und späteren Grossprior in deutschen Landen, gestiftete Hochaltar, dessen um 1456–1460 zu datierende Gemälde von einem Meister am Hochrhein stammen. Da der Altar nach der Aufhebung der Kommende in Teilstücken verkauft wurde, sind die prachtvollen, auf vergoldetem Tannenholz gemalten Tafeln heute in alle Winde zerstreut. Nur eine Tafel befindet sich noch in Rheinfelden, nämlich im Rathaus. Der Rheinfelder Stadtführer Kurt J. Rosenthaler hat sich bereits vor einigen Jahren auf die Suche nach den verschwundenen Tafeln gemacht; inzwischen konnte er sechs davon in Basel (Geburt Johannes des Täufers, Historisches Museum), in Mulhouse (drei Tafeln im Depot des Musée Historique) und in Dijon (die Taufe Christi im Musée des Beaux Arts) finden und fotografisch festhalten. Ob beziehungsweise wie viele weitere Tafeln existieren, ist nicht bekannt – Kurt J. Rosenthaler sucht weiter.

GRACIAS STA COLOMBA POR AYUDARLE A SALVARSE J.G.
GRACIAS SANTA COLOMBA POR LA AYUDA QUE NOS AS DADO FAMILIA P. G.

Die Heilquelle in der ‹Grotte de Sainte-Colombe›

UNDERVELIER

ANFAHRT

Bus ab Bahnhof Bassecourt (Mo-Fr) bis Undervelier poste

WEG

10 Gehminuten auf der Strasse Richtung Berlincourt

ÖFFNUNGSZEITEN

Grotte tagsüber offen

Verlässt man in Bassecourt die Autobahn in Richtung Undervelier, stösst man in der Sorne-Schlucht rund dreihundert Meter vor dem Dorfeingang auf den Wegweiser ‹Grotte de Sainte-Colombe›. Eine grandiose Höhle tut sich hier auf. Der Eingang ist gewaltig – bis zu sieben Meter hoch und sechsundzwanzig Meter breit. Ein weit gespanntes Felsdach zieht sich nach hinten, wo es nach rund dreissig Metern den Boden erreicht. Vor dem Eingang steht ein hohes Steinkreuz. Im Inneren der Höhle plätschert eine Quelle; sie fliesst in ein Steinbecken, das rund herum mit frischen Blumensträussen geschmückt ist. Links und rechts davon stehen Regale aus Holz, auf denen unzählige Weihegaben abgelegt sind: Kreuze, Rosenkränze, Dankschreiben, Heiligenbilder, Familienfotos von Wallfahrern, Lourdes-Flaschen und ein Davidstern sind unter all den Dingen auszumachen. Auffallend viele Exvotos enthalten Dankesbezeugungen in spanischer Sprache; die älteste stammt von 1958. Sie alle gelten der heiligen Kolumba, deren Statue am Felsen über der Quelle thront.

Obwohl es über das Leben der Heiligen fast nur legendarische Überlieferungen gibt, gehörte die Märtyrerin vor allem in Frankreich zu den meistverehrten Heiligengestalten. Nach der Legende war sie entweder eine christliche Jungfrau, die in Sens lebte, oder eine Fürstentochter aus dem spanischen Zaragoza. Sie soll sich geweigert haben, den Sohn von Kaiser

Aurelian zu heiraten, worauf sie der Herrscher um das Jahr 273 ermorden liess. Es heisst, dass Kolumba zuvor noch in ein Freudenhaus gesperrt worden sei, wo jedoch eine Bärin über ihre Unversehrtheit gewacht habe.
In der Heiligenlegende gibt es keinen Hinweis auf einen Aufenthalt der Kolumba in Undervelier. Nach lokaler Erzähltradition soll die Heilige von Vienne, wo sie getauft wurde, vor ihren Verfolgern rhoneaufwärts in die wenig besiedelte Jura-

landschaft geflohen sein und sich im Tal der Sorne niedergelassen haben.
Schon im 6. Jahrhundert ist die Verehrung der Heiligen bezeugt und König Chlothar III. gründete über Kolumbas Grab in Sens das Kloster Sainte-Colombe-les-Sens, das 1792 zerstört wurde. In Undervelier ist die Märtyrerin Kolumba seit dem Mittelalter eine Patronin der Pfarrkirche; sie wird bereits im 13. Jahrhundert erwähnt. Im 18. Jahrhundert war die Sankt-Kolumba-Grotte vor allem dafür bekannt, dass sie schwächli-

chen Kindern Kraft verlieh. 1868 und 1942 haben Ausgrabungen ergeben, dass die Höhle bereits in der Jungsteinzeit und in der Bronzezeit bewohnt war.

Seit 1957 wird an Mariä Himmelfahrt (15. August) in der Grotte nachmittags die von der ‹Association jurassienne des hospitaliers et hospitalières de Notre-Dame de Lourdes› durchgeführte ‹Journée des Malades› abgehalten. Aber auch an gewöhnlichen Werktagen wird die Höhle ständig von Menschen

aufgesucht, die frische Blumen und kleine Weihegaben her bringen, sich hier etwas Ruhe gönnen, beten, sich mit dem Quellwasser benetzen oder mitgebrachte Flaschen damit füllen.

WITTNAU

ANFAHRT

Bahn bis Frick, Bus bis Haltestelle Wittnau Mitteldorf

Mit dem PKW die Bergstrasse hoch dem Schild ‹Kapelle› folgen, ab Parkplatz 20 Minuten Fussweg

WEG

1 Std. zu Fuss ab Martinskirche Wittnau (Kirchmattstrasse) bis zur Buschbergkapelle, Wegweiser ‹Martinsweg› und ‹Grotte› folgen (oberhalb der Grotte Pilgerweg bis zur Kapelle)

ÖFFNUNGSZEITEN

Lourdesgrotte und Buschbergkapelle jederzeit zugänglich

HINWEIS

Führer zum Kultur-Rundwanderweg ‹Martinsweg› (total 3 Std.): erhältlich im Gasthof Krone, im Röm.-Kath. Pfarramt und in der Gemeindekanzlei

Buschbergkapelle bei Wittnau

In Wittnau, einem Dorf unweit von Frick, gelangt man an der Kirche St. Martin vorbei gehend auf den gut ausgeschilderten ‹Martinsweg›, auf dem man, dem Wegweiser ‹Grotte› folgend, in einer guten halben Stunde Aufstieg die romantische Lourdesgrotte am Waldrand erreicht. Sitzbänke und ein 2002 anlässlich des hundertjährigen Bestehens errichteter Brunnen, der von der mineralhaltigen Sunnhaldenquelle gespeist wird, laden zum Verweilen ein. Solche Nachbildungen der Lourdesgrotte, die an die Marienerscheinungen der Bernadette Soubirous erinnern, gibt es in mehreren Fricktaler Gemeinden.

Ursprünglich stand an dieser Stelle die erste Bildtafel des Kreuzweges zur Buschbergkapelle, der oberhalb der Grotte beginnt. Heute führen moderne Glasbilder von Martin Hagmann zum Wallfahrtskreuz mit dem überdachten Betraum. Das Heiligtum steht an einem schon zur Römerzeit und besonders im Mittelalter viel benutzten Juraübergang über die Schafmatt ins Mittelland. Unweit der Kapelle befindet sich ein keltischer Grabhügel aus der Hallstattzeit (7. Jahrhundert vor Christus), wo man Skelette von zwei Erwachsenen und einem Kind sowie als Grabbeigabe eine Schlangenfibel zutage gefördert hat.

Schon in der Jungsteinzeit war der Buschberg besiedelt; aus der Bronze- und der Eisenzeit stammen noch heute sichtbare Wälle und Gräben auf dem Wittnauer Horn. Römische

Mauerreste zeugen von einem bewehrten Refugium, das die einheimische gallorömische Bevölkerung vor germanischen Einfällen schützte.
Eine wundersame Geschichte steht am Anfang dieses Wallfahrtsortes auf dem Hochplateau zwischen dem Homberg und dem Limpberg. Im Mirakelbuch (Wunderbuch) des Benediktinerklosters Mariastein (siehe auch Mythische Orte am Oberrhein, Band 1, S. 42–47) heisst es, dass im Jahr 1668 Benedikt

Martin, ein Müller aus Kienberg, in den Sandsteinbrüchen von Degerfelden einen dreiundzwanzig Zentner schweren Mühlstein gekauft hatte und ihn auf einem mit vierzehn Pferden bespannten Wagen über die Rheinbrücke von Rheinfelden durch das Möhlinbachtal nach Wegenstetten und weiter über den Buschberg nach Kienberg bringen sollte. Auf dem Wittnauer Buschberg kam der Mann zu Fall, sodass ihm der Wagen über beide Beine fuhr. In blumiger Sprache heisst es dazu: «O schlipfrigs Glücks-Rad! Unversehens entging ihm bei

Jugendliche Pilgergruppe vor dem Votivkreuz auf dem Buschberg glattem Weg beide Füsse solcher Gestalten, dass er leider, mit beiden Schienbeinen unter den Wagen geraten, von welchem so plötzlichem Fall er in ein Ohnmacht geworfen...» Doch ein ‹Glücksstein› soll sich dazwischen gelegt haben, sodass der Kienberger Müller unversehrt blieb. Aus Dankbarkeit liess er an diesem Ort ein Kreuz erstellen und in der Wallfahrtskirche Mariastein eine Votivtafel anbringen, die noch heute im dortigen Kloster aufbewahrt wird.

Die Geschichte machte im ganzen Land die Runde. Von überall her, auch aus dem Elsass und aus Südbaden, strömten die Menschen in Pilgerzügen und Prozessionen zum Kreuz auf dem Buschberg. Heute befindet sich dort – nach der Beschädigung des Kreuzes zur Zeit des Kulturkampfes – eine freie Nachbildung aus dem Jahr 1906. Der Korpus des Originalkreuzes vom späten 17. Jahrhundert ist jetzt beim Totenhäuschen neben der Pfarrkirche untergebracht.

Nach dem Ersten Weltkrieg nahm die Zahl der Wallfahrten und Prozessionen zusehends ab und der Ort geriet mehr und mehr in Vergessenheit. «Dass sich der Glaube an Gott im Laufe der Geschichte verändert, ist auch auf dem Buschberg spürbar geworden», schreibt Christoph Küng im Kulturführer ‹Martinsweg Wittnau›. 1994 zelebrierten Mitglieder des Basler Psi-Vereins die ‹geistige Öffnung› eines Erdenergiezentrums bei der Kapelle. Dabei sollen Töne zum Heilen und Meditieren freigesetzt worden sein. Das Phänomen hat in den Medien grosse Beachtung gefunden.

Heute besuchen wieder unzählige Menschen die Kapelle. Viele sind wandernd unterwegs, andere kommen her, um zu meditieren und zu beten oder um mit ihrem kirchlichen Verein einen Gottesdienst zu feiern. Die Kapelle ist auch beliebt für Hochzeiten und Taufen. Von den Wünschen vieler Menschen, die mit einem besonderen Anliegen hergekommen sind, zeugen anrührende Einträge im Pilgerbuch.

Das Kleinod St. Blasius auf dem ‹Chilchberg›

ZIEFEN

ANFAHRT
Bahn bis Liestal, Bus bis Ziefen Post

WEG
5 Gehminuten durch die Kirchgasse zum ‹Chilchberg›

ÖFFNUNGSZEITEN
Kirche tagsüber offen

HINWEIS
Dorfmuseum mit Posamenterstube: geöffnet jeweils am 1. Sonntag des Monats 14–17 Uhr (ausser Juli und August)

Jesus beim Einzug in Jerusalem: Ausschnitt eines Wandbildes auf der Empore

Eine hübsche Legende rankt sich um den Ursprung der reformierten Ziefener St. Blasiuskirche auf dem Berg hoch über dem Dorf. Für den Bau, heisst es im Volksmund, seien eigentlich die Örtlichkeiten ‹Hell› und ‹Chäppele› oder das ‹Brunnmätteli› ausersehen gewesen, doch hätten Engel das Baumaterial nächtlicherweile an den heutigen Standort getragen. 1936 im Innern ergrabene Fundamente bezeugen eine romanische Kirche, die ins 11. Jahrhundert zurück reicht und deren Apsis später durch einen rechteckigen gotischen Chor ersetzt wurde. Die zahlreichen Wandgemälde stammen aus dem 14. Jahrhundert. Die vier Evangelistensymbole in der Chorleibung sind ein Werk des Künstlers Walter Eglin (1895–1966). Über dem Bogen des Chors hängt das Wappen des alten Kantons Basel. Es erinnert an die schwere Trennungszeit von 1831–1833, als Ziefen der Stadt Basel treu blieb und in den Kämpfen zwei Bürger verlor. Das ehrwürdige Gotteshaus mit dem ummauerten Friedhof, das heute unter Denkmalschutz steht, ist nach Osten ausgerichtet – «nach der Wiederkunft Jesu im Osten», wie Roland Stutz in seiner in der Kirche aufliegenden Chronik schreibt. Draussen lädt eine Sitzbank dazu ein, die Ruhe an diesem idyllischen Ort zu geniessen und den Blick in die Umgebung schweifen zu lassen.

Funde vom Mesolithikum bis zur Römerzeit zeigen, dass das Tal und die umliegenden Anhöhen schon früh besiedelt waren. Zwei alemannische Gräber wurden 1961/62 am Kirchhügel freigelegt. Man wollte sich damals Klarheit verschaffen über folgende Aussage von Aegidius Tschudi (1505–1572): «die burg ist abgangen, stat jetz ein kilch am selben ortt, ist den Eptinger gewesen, sind genannt Eptinger von Zyffen». Auch die Inschrift eines Glasgemäldes, das als Kopie in der Kirche zu sehen ist, berichtet: «Solchs Schloss stundt vor alten zeiten, wo man jetzo zkilchen thut lüten, dorin gond vill frommer leuten». Dass hier eine Eptinger Burg gestanden hat, konnte jedoch trotz vieler Einzelfunde nicht sicher belegt werden. Rätsel gibt auch ein grosser Stein auf, der unter der zweiten Kirchenbankreihe am Fussboden den Ort markiert, an dem früher die Kanzel stand.

Geweiht ist die Kirche dem heiligen Blasius, Arzt und Bischof in Sebaste (Armenien), der angeblich 316 den Märtyrertod erlitt. Er gehört zu den Vierzehn Nothelfern und wird vor allem bei Halsleiden angerufen. Seine häufigsten Attribute sind neben Bischofstab und Mitra zwei gekreuzte Kerzen. Sein Gedenktag wird bei den Katholiken am 3. Februar, bei den orthodoxen Christen am 11. Februar begangen. Trotz der Basler Reformation von 1529 blieb der Name des früheren Patrons an der Kirche haften. Ein Glasbild von Georg Matt aus dem Jahre 1991 zeigt Blasius mit Reh und zwei Vögeln, denn eine Legende erzählt, dass er auch Tiere geheilt habe.

1931 kamen unter den vergipsten Wänden die oben erwähnten wertvollen Fresken aus dem 14. Jahrhundert zum Vorschein. Die siebzehn erhaltenen Waldbilder – ursprünglich waren es rund dreissig – zeigen in zwei übereinander liegenden Streifen Szenen aus der Heiligen Schrift, die von der Kolossalfigur des heiligen Christophorus durchschnitten werden.

Die im 16. und 17. Jahrhundert eingebauten Emporen verdecken zum Teil die Malereien; bei den hintersten Bankreihen lassen sich jedoch für die Betrachtung die Rückenlehnen herunterklappen. Die Künstler Otto Plattner und Albert Zehntner haben die Gemälde 1936 restauriert und teilweise ergänzt. An der Nordwand sind oben unter anderem Szenen aus dem Leben des heiligen Blasius (?), Sankt Christophorus, der Besuch von Maria bei Elisabeth und die Anbetung des Christuskindes zu erkennen, unten die schlafenden Jünger und Christus vor Pilatus. An der Westwand entdeckt man oben das Gastmahl des Pharisäers, die Auferweckung des Lazarus mit Maria und

Martha, den Einzug Jesu in Jerusalem und in Fragmenten das Heilige Abendmahl.

Ziefen, ehemals ein Bauern- und Posamenterdorf, pflegt seine Traditionen. So kann man am Heiligen Abend dem Umgang der schwarz gekleideten, mit hohen Zylinderhüten und Kuhschellen ausgestatteten ‹Nünichlingler› beiwohnen, die in Dreierkolonne schweigend durch die Strassen und Gassen ziehen. Anschliessend lädt das Geläut der St. Blasiuskirche zum Mitternachtsgottesdienst ein.

HUNAWIHR

ANFAHRT
Bahn bis Colmar, Bus bis Hunawihr

WEG
Kirche am oberen Dorfende

ÖFFNUNGSZEITEN
Kirche täglich offen ab 9 Uhr

HINWEISE
Jardin des Papillons, Route de Ribeauvillé: geöffnet April bis Juni und September 10–18 Uhr / Juli und August 10–19 Uhr / März, Oktober und November 10–17 Uhr
Parc des Cigognes et des Loutres, Route de Ribeauvillé: geöffnet Ende März bis Juni und September bis 11. November 10–12 und 14–17 Uhr, Juli und August 10–19 Uhr

Nikolaus lässt ein heidnisches Baumheiligtum fällen: Fresko in der Kirche von Hunawihr

Ein Kleinod am Rand der ‹Route du vin› ist zwischen Riquewihr und Ribeauvillé zu entdecken: das beschauliche Winzerdorf Hunawihr mit seiner Wehrkirche, die Jakobus dem Älteren geweiht ist. Von Weitem erblickt man am Fuss der Vogesen die kleine Festung mit Mauerring und sechs halbkreisförmigen Bastionen, die mit Schiessscharten versehen sind.

Bevor man zum Eingang der Kirchenfestung gelangt, führt der Weg durch den evangelischen Friedhof, der ausserhalb der Ringmauer errichtet wurde; der katholische liegt auf deren Innenseite. Die Kirche wird heute von beiden Konfessionen paritätisch genutzt.

Im 7. Jahrhundert war das heutige Hunawihr Sitz des Stammesherrn Huno, der sich hier in einer ehemaligen gallorömischen Villa niedergelassen haben soll. Nach der Überlieferung war seine Gattin Huna (auch Hunna genannt) eine grosse Wohltäterin der Armen und Kranken. Sie wurde die ‹heilige Wäscherin› genannt, weil sie Bedürftigen umsonst die Wäsche wusch, und gilt als Patronin der Wäscherinnen und des Weinbaus. Huna und ihr Ehemann verschenkten ihre Güter an die Klöster Ebersheimmünster und St-Dié (siehe auch S. 92–97) und stifteten in ihrem Heimatort die Jakobuskirche. Huna soll im Jahr 687 gestorben – andere Quellen sprechen von 679 – und in Hunawihr beigesetzt worden sein. Anfang des 16. Jahrhunderts beauftragte Papst Leo X. den Bischof von Basel, die Gebeine mit dem für Heilige gebräuchlichen Zeremoniell zu erheben. Dieser feierliche Akt fand am 15. April 1520 statt. Hunas Reliquien gingen jedoch nach der Reformation grossenteils verloren. Im Mittelalter war Hunas Grab in der Pfarrkirche von Hunawihr ein viel besuchter Wallfahrtsort; dazu trug auch bei, dass eine nahe gelegene Quelle als heilkräftig galt. Noch heute steht im Dorf der aus der Renaissance stammende Huna-Brunnen.

Ab 1534 führte Herzog Ulrich von Württemberg, dem damals Hunawihr unterstand, die Reformation ein. Als das Elsass nach dem Westfälischen Frieden zu Frankreich kam, erhielten die Katholiken wieder Zugang zu den Kirchen überall dort, wo mindestens sieben Familien des alten Glaubens lebten. In Hunawihr wurde deshalb ein Simultaneum eingerichtet, also die gemeinsame Nutzung durch beide Glaubensrichtungen, wie sie noch heute praktiziert wird. Das Nebeneinander zweier unterschiedlicher Altäre in einer Kirche führte immer

wieder zu Streitigkeiten. Nach der Französischen Revolution kehrte aber wieder Ruhe ein und beide Glaubensgemeinschaften nahmen gemeinsam die Renovation des Gotteshauses an die Hand. Während der letzten Instandstellung im Chor und Mittelschiff sind 1987 Überreste eines kleineren Vorgängerbaus aus dem 11. Jahrhundert und eines romanischen Altars zum Vorschein gekommen.
Sehenswert sind vor allem die Fresken im Erdgeschoss des Kirchturms, wo sich ursprünglich der Chor befand. Vierzehn Darstellungen in zwei übereinander liegenden Reihen erzählen oben das Leben des Heiligen Nikolaus bis zu seinem Tod und der Überführung seiner Gebeine in die Kathedrale von Bari, unten die Wunder nach seinem Ableben. Man vermutet, dass sich der Maler auf ein 1480 in Strassburg gedrucktes ‹Leben der Heiligen› und die Legenda aurea des Jacobus de Voragine gestützt hat.
Besonders interessant ist die Darstellung von sieben Frauen, die vor einem Baum beten, auf dem sich ein Dianaheiligtum befindet. Sankt Nikolaus, Bischof von Myra, steht auf der gegenüberliegenden Seite und befiehlt offenbar in missionarischem Eifer einem jungen Mann, den Baum mit einer Axt zu fällen. An der Ostwand wird eine Frau in blauem Gewand und mit wallendem blondem Haar von drei kirchlichen Würdenträgern gekrönt. Dazu gibt es zwei Deutungen. Die einen sehen darin die Krönung der heiligen Jungfrau durch die Dreifaltigkeit, andere die Krönung der heiligen Huna.

Die Britzgykapelle am Ort einer Keltensiedlung

ILLFURTH

ANFAHRT

Bahn oder Bus ab Mulhouse bis Illfurth

WEG

10 Gehminuten vom Zentrum durch die Rue de la Barrière und die Rue St-Brice zum Soldatenfriedhof (Parkplatz). 800 m weiter (Wegweiser) zur Chapelle St-Brice

ÖFFNUNGSZEITEN

Grabungsgelände jederzeit zugänglich; Britzgykapelle geschlossen

Der Spaziergang auf den sagenumwobenen, rund dreihundert Meter hohen Britzgyberg führt durch einen beinahe unberührten Wald. Nach kurzem Aufstieg stösst man vorerst auf einen etwas abseits von der Strasse gelegenen deutschen Soldatenfriedhof aus dem Ersten Weltkrieg. Einem Wanderweg folgend gelangt man weiter auf eine stille Waldlichtung mit der Sankt Brictius geweihten Kapelle.

Ausgrabungen in der unmittelbaren Umgebung haben gezeigt, dass hier eine hallstattzeitliche Keltensiedlung bestand; es wird sogar ein keltischer Adelssitz vermutet, denn man hat hier neben Keramik aus lokaler Produktion Reste von attisch-schwarzfigurigen Gefässen gefunden – Importware aus dem Süden. Spuren einer Besiedlung gibt es aber schon aus der späteren Steinzeit um 3000 vor Christus. Auf drei Seiten ist das Plateau durch Steilhänge geschützt; zum Hinterland hin war es bereits in prähistorischer Zeit durch einen mächtigen Abschnittswall mit einem rund zehn Meter breiten, vorgelagerten Graben befestigt.

Die kleine Brictiuskapelle war früher ein viel besuchter Wallfahrtsort. Sie trägt am Eingang die Jahreszahl 1589; der beschriftete Weihestein stammt aus einem Vorgängerbau. Ursprünglich stand die Kapelle auf der Höhe des Plateaus unmittelbar hinter dem prähistorischen Wall. Die Bezeichnung ‹Britzgyberg› leitet sich vom heiligen Brictius ab, wie dies

Rudolf Moosbrugger-Leu auch für den Flurnamen ‹Britzig› bei Bettingen oberhalb von Basel vermutet.
Brictius folgte dem heiligen Martin auf dem Bischofsstuhl von Tours und starb um 444. Die ihm geweihten Kapellen sind oft als Filialen von Martinskirchen anzutreffen (siehe auch Mythische Ort am Oberrhein, Band 1, S. 147–149); in Illfurth finden wir eine alte Martinskirche mit Friedhof – die Mutterkirche der Region – unten an der Ill beim grossen Sägewerk.

Sie soll an der Stätte eines alten Brunnenheiligtums errichtet worden sein. Eine weitere Brictius geweihte Kapelle befindet sich zwischen Hausgauen und Schwoben auf einem Feld an der Stelle des verschwundenen Dorfs Dennach; ein Bildstock am Strassenrand weist darauf hin.
Sankt Brictius war ein umstrittener Geistlicher; er stand im Verdacht, mit einer Wäscherin ein Kind gezeugt zu haben. So wird er gelegentlich mit einem Wickelkind auf dem Arm dargestellt, aber auch mit glühenden Kohlen. Diese soll er, um sei-

Sankt Brictius, Bischof von Tours: Glasfenster in der Brictiuskapelle

ne Unschuld im Gottesurteil zu beweisen, in seinem Gewand getragen haben, ohne dass dieses verbrannte. Der Heilige gilt deshalb auch als Patron der Richter.

Das Dorf Illfurth gelangte zu internationaler Berühmtheit, als hier 1864 zwei Knaben, das Brüderpaar Thiébaut und Joseph Burner, von einer geheimnisvollen Krankheit befallen wurden und erst nach fünf Jahren durch einen Exorzisten, Pfarrer Charles Brey, geheilt werden konnten. Die vergoldete Marienstatue im Dorfzentrum erinnert an dieses Ereignis.

S. WALBVRCA

Walburga in der Chapelle du Heiligenbrunn

LEYMEN

ANFAHRT
Tram ab Basel bis Haltestelle Leymen

WEG
40 Gehminuten vom Trambahnhof hinunter zur Rue Principale und weiter Richtung Liebenswiller, über die Birsigbrücke hinauf bis zur Heiligenbrunnkapelle

ÖFFNUNGSZEITEN
Kapelle geschlossen, Schlüssel erhältlich bei Marina Gerber, 17 Rue Principale,
Tel. +33 (0)389 68 58 92

HINWEISE
Am 1. Mai um 9 Uhr Prozession vom Dorfzentrum zur Kapelle und anschliessend Gottesdienst
Aufstieg zur Ruine Landskron auf der gegenüberliegenden Talseite

Auf der ‹längsten Tramstrecke Europas› fährt man aus Basels Innenstadt hinaus aufs Land durch das Leimental und steigt auf französischem Boden im kleinen Bahnhof Leymen aus. Steil führt die Rue de la Gare hinunter zur Rue Principale, wo man links kurz der Landstrasse nach Liebenswiller folgt und nach der Birsigbrücke bergauf zum Landgut und der Kapelle ‹Helgenbrunn› gelangt. Eine weite Landschaft tut sich hier auf mit einem wundervollen Blick über das Leimental. Neben der Kapelle steht ein barock geformter Brunnentrog, in dessen Wandung die Jahreszahl 1766 eingemeisselt ist. Nach Paul Stintzi «erinnert der Trog stark an einen Taufbrunnen, und die Tatsache, dass unweit des Gehöftes sich die Römerstrasse vom Illtal her durch den Wald legt, dürfte den Gedanken an eine Taufstätte der ersten christlichen Jahrhunderte aufkommen lassen». Der zugehörigen Quelle wurden besonders früher wundersame Heilkräfte zugeschrieben. Einer Legende zufolge soll die heilige Walburga (auch Walpurga genannt) auf der Römerstrasse hier vorbei gekommen sein. Weil sie durstig war, steckte sie ihren Wanderstab in die Erde, und das Wasser begann zu fliessen: hell, klar und sauber wie noch heute, nur dass man jetzt einfach den Wasserhahn aufdrehen kann. Nach einer anderen Sage lauschte ein blindes Mädchen dem Rauschen der Quelle und wartete auf seine Eltern, die auf dem Feld arbeiteten. Plötzlich versiegte das Wasser und brach erst wieder hervor, als

Walburgastatue über dem Hauptaltar der Kapelle

die Glocke des nahen Liebenswiller zu läuten begann. Aus der Quelle liess sich die Stimme der Heiligen vernehmen, die dem Kind Heilung versprach, wenn es sich mit dem Wasser die Augen auswasche. Die Verheissung erfüllte sich; seither galt die Quelle als heiliger Brunnen, zu dem man vor allem kranke Kinder herbrachte. Es hiess auch, dass junge Mädchen hier in der Walpurgisnacht (vom 30. April zum 1. Mai) im Wasser das Gesicht ihres Zukünftigen erblicken können.

Die Germanen gedachten am 1. Mai der Hochzeit ihrer göttlichen Hoheiten Odin (Wotan) und Frigga (Freyia). Letztere trug auch den Beinamen Walburg. Ob die heilige Walburga, die an einem 1. Mai heilig gesprochen wurde, damit in einem Zusammenhang steht, ist nicht geklärt. Sie wurde um 710 in England geboren, kam später im Gefolge der iroschottischen Missionare nach Deutschland und wurde Äbtissin des Doppelklosters Heidenheim; sie verstarb am 25. Februar 779 und ist in Eichstätt begraben.

Von Heiligenbrunn weiss man, dass hier bereits 1359 eine Kapelle bestanden hat, 1543 zudem ein Bruderhaus mit einem kleinen Gut. Dieses gehörte den auf der Landskron residierenden Herren Reich von Reichenstein, die nach der Überlieferung hier ein öffentliches Bad anlegen wollten. Weil die Quelle beim Baubeginn zurückgegangen sei, hätte man von diesem Vorhaben abgesehen. Nach einer anderen Legende soll es hier öfters Ölspuren auf dem Wasser gegeben haben – vielleicht eine Anspielung auf das Walpurgisöl, eine wasserhelle Flüssigkeit, die aus dem Reliquienschrein der Heiligen in Eichstätt fliessen und zahlreiche Wunder bewirkt haben soll. Als geplant wurde, dieses Öl aus der Helgenbrunner Quelle zu vermarkten, soll es alsbald verschwunden sein.
Die heutige Kapelle wurde am 27. Mai 1685 vom Basler Weihbischof Kaspar Schnorf geweiht und verzeichnete vor allem im 18. Jahrhundert grossen Zulauf. Später geriet das kleine Gotteshaus in Vergessenheit und drohte zu zerfallen. So wurde 1998 in Leymen die ‹Association des Amis du Heiligenbrunn› gegründet, die die Renovation der Kapelle an die Hand nahm und sich um die Wiederbelebung des Quellheiligtums kümmert. Am 1. Mai zieht man nun wieder wie in alten Zeiten um neun Uhr von Leymen aus in einer Prozession nach Heiligenbrunn, wo eine Messe gelesen und anschliessend ein fröhliches Fest gefeiert wird.

OBERLARG

ANFAHRT

Oberlarg mit öffentlichen Verkehrsmitteln nicht erreichbar

Mit dem PKW über Ferrette auf der D 41 bis Oberlarg

WEG

Infotafel über den Rundwanderweg zur Largquelle und Burgruine Morimont auf dem Parkplatz im Dorfzentrum

ÖFFNUNGSZEITEN

Kirche tagsüber geöffnet

HINWEISE

Nach 1 km Richtung Levoncourt Abzweigung zur Ruine Morimont (Mörsberg)

Fest der 14 Nothelfer am letzten Sonntag im Juli: Gottesdienst um 15 Uhr, Prozession und Segnung aller Fahrzeuge, Bewirtung und ‹Bal populaire›

Jeweils am letzten Sonntag im Juli fahren am frühen Nachmittag Heerscharen aus der ganzen Umgebung nach Oberlarg, einem kleinen Dorf im Jura Alsacien zwischen Ferrette (Pfirt) und Lucelle (Lützel). Nicht nur Autos und Motorräder treffen ein; vom Traktor bis zum Kinderfahrrad wird alles, was auf Rädern läuft – und seien es bloss Rollerblades –, entlang der Rue Principale in Reih und Glied aufgestellt. Das hat seinen Grund, werden doch die Gefährte mit ihren Besitzern während der Prozession, die zum Gedenken der Vierzehn Nothelfer stattfindet, gesegnet. Das sei allerdings keine ‹assurance tout risque›, keine Vollkaskoversicherung gegen Unfälle, ermahnt der Pfarrer im vorgängigen Gottesdienst, der bei gutem Wetter im Freien vor der Kirche abgehalten wird.

Der Kult der Nothelfer, einer Gruppe von vierzehn volkstümlichen Heiligen, der sich im 14. Jahrhundert infolge der Pestseuchen und des sozialen Elends breiter Bevölkerungsschichten ausbildete, hat sich im Elsass, aber auch in den katholischen Gebieten der Schweiz, Süddeutschlands und Österreichs, bis heute erhalten. Die Vierzehn Nothelfer waren ein beliebtes Thema in der Kunst des Spätmittelalters und des Barocks. Zu ihnen rechnete man gewöhnlich Achatius, Ägidius, Barbara, Blasius, Christophorus, Cyriakus, Dionysius, Erasmus, Eustachius, Georg, Katharina von Alexandria, Margaretha von Antiochia, Pantaleon und Vitus. Auf einem Bild in der Kirche von

Oberlarg – sie ist dem heiligen Martin geweiht – hat man die heilige Theresa angefügt.

Interessant ist auch eine Sage, die in Oberlarg erzählt wird: Drei Knaben hätten sich in ein schon seit langer Zeit unbewohntes Haus vorgewagt und dort auf dem Speicher drei Frauen beim Spinnen angetroffen. Diese sollen so schnell gearbeitet haben, dass die Spinnräder glühten. Die Geschichte erinnert an die spinnenden Schicksalsgöttinnen (Nornen),

wie sie auch in einem alten Kinderlied weiterleben (‹Ryte, ryte, Rössli...›).

Oberlarg lohnt nicht nur an seinem grossen Fest einen Besuch. So lädt eine Informationstafel auf dem Parkplatz unterhalb der Kirche dazu ein, die Umgebung auf einer Rundwanderung, die auch an der Burg Morimont (Mörsberg) vorbei führt, zu erkunden. Nimmt man den Weg entlang des Friedhofs unter die Füsse, kommt man an einem herrschaftlichen Haus aus dem Jahr 1717 vorbei und gelangt an eine kleine Furt. Wer trockenen Fusses weitergehen will, kann sie auf dem kleinen, seitlichen Weg umgehen. Das Wasser kommt von der Quelle der Larg, die man von hier aus in einem kurzen Spaziergang erreicht. Kurz davor gelangt man in dem romantischen Tal zum ‹Mannlefelsen› mit zwei sagenhaften Höhlen, in denen noch im 19. Jahrhundert eine arme Ziegenhirtin mit ihrem Kind gehaust haben soll. (Das Areal ist in Privatbesitz und nicht öffentlich zugänglich.)

Archäologische Funde bezeugen, dass hier bereits in der Zeit von 8200 bis 3200 vor Christus Rentier- und Hirschjäger gelebt haben. In der Bronzezeit waren die Höhlen von einer Wehrmauer aus Kalksteinbrocken umgeben und in römischer Zeit soll hier Falschgeld produziert worden sein. Eine Informationstafel bei den Höhlen gibt darüber Auskunft. Von hier ist es nicht mehr weit zur Quelle der Larg, die in Mäandern den Sundgau durchfliesst, nach dreiundvierzig Kilometern Illfurth erreicht und dort in die Ill mündet. Dreiundfünfzig

Fahnen mit den Vierzehn Nothelfern

Mühlen in vierunddreissig Dörfern hat sie früher auf ihrem Lauf angetrieben.

Wer eine grössere Wanderung unternehmen möchte, steigt weiter zur Burg Morimont hinauf. (Sie ist mit dem PKW über die D 41 erreichbar.) Die imposante Ruine mit sieben Türmen auf einem breiten Felssporn wird heute von Bauten des ausgehenden Mittelalters beherrscht. Späteren Datums ist die grosse, 1755 von den Adligen de Vignancourt errichtete Hofwirt-

schaft, in der sich heute ein Restaurant befindet. Die Burg ist vermutlich von den Herren von Mörsberg erbaut worden und erscheint 1243 als Lehen der Grafen von Pfirt (heute Ferrette). Beim Verkauf der Herrschaft Pfirt an den Bischof von Basel im Jahr 1271 wird die Burg namentlich genannt. 1324 ging die Feste Mörsberg mit der pfirtischen Erbmasse an das Haus Habsburg über. Mehrfach ist die Burg zerstört worden, 1356 im grossen Erdbeben und später durch eidgenössische Truppen, unter anderem im ‹Sundgauerzug› von 1468. Die Ruinen

Fahrzeuge aller Art am Strassenrand, aufgestellt zur Segnung anlässlich des Festes der Vierzehn Nothelfer

werden heute in Freiwilligenarbeit durch Studierende unter der Aufsicht des CHAM (Chantiers Histoire et Architecture Médiévales) laufend restauriert.

OTTMARSHEIM

ANFAHRT
Für Fussgänger:
Ab Bahnhof Müllheim mit dem Euregiobus Neuenburg-Mulhouse bis Bantzenheim (eingeschränkte Verkehrszeiten)

WEG
5 km auf der D 468 bis Ottmarsheim

ÖFFNUNGSZEITEN
Romanische Abteikiche tagsüber offen

HINWEISE
Vesper mit den Mönchen sonntags um 16 Uhr
‹Retraiten› im Prieuré Saint-Bernard, 3 Rue du Couvent:
Tel. +33 (0)389 26 00 27 (12.15–13 Uhr und 19.15–20 Uhr)
www.serviteurs.org

Die bedeutende ehemalige Abtei- und spätere Stiftskirche St. Peter und Paul in Ottmarsheim gibt manches Rätsel auf. Sie ist erstaunlicherweise im flachen Ried erbaut worden, an der alten Römerstrasse von Augst nach Strassburg zwischen dem Hardwald und dem Rhein – in einem Gebiet, das früher von Überschwemmungen betroffen war.

Als ehemaligen ‹heidnischen Tempel› hat man den oktogonalen Bau zeitweise eingeschätzt; es war der Basler Kulturhistoriker Jacob Burckhardt, der 1844 dessen Verwandtschaft mit der Pfalzkapelle Karls des Grossen in Aachen aufdecken konnte. Rund zweihundert Jahre nach dem Tod des Kaisers ist der Ottmarsheimer Sakralbau als einzige elsässische Kirche in achteckiger Form erbaut worden; geweiht hat sie der aus dem Elsass stammende Papst Leo IX., eigentlich Bruno von Eguisheim, im Jahr 1049.

Es wird vermutet, dass der unbekannte Baumeister als Grundmass eine Aussenseite des Aachener Zentralbaus wählte. Nach diesem Modul von 27 Fuss legte er wohl alle anderen Grössen fest, deren wichtigste wie das Grundmass durch drei teilbar sind: die Gesamtlänge von Westen nach Osten von 96 Fuss, der Durchmesser von 66 Fuss, die Höhe von 60 Fuss, die Chorbreite von 12 Fuss sowie die Mauerdicke von 3 Fuss. Möglicherweise besteht ein Bezug zur christlichen Zahlensymbolik, in der die Dreizahl auf die Dreifaltigkeit weist. Aber auch in anderen Kulturen gilt die Drei als heilige Zahl.

Petrus wird von Engeln gekrönt: Wandbild auf der Empore

Auftraggeber war Rudolf von Altenburg, ein Ahne der späteren Habsburger, der hier mit der Gründung einer der Gottesmutter Maria geweihten Benediktinerinnen-Klosterkirche für sich und seine Familie eine Grablege stiftete. Beim Betreten des Raums wird man auf diesen Mittelpunkt der Anlage hingeführt. 1981 wurden bei Grabungen zehn Gräber gefunden, darunter – im Zentrum des Oktogons – offenbar auch das Grab des Gründers der Kirche und des Klosters Ottmarsheim,

Rudolf von Altenburg. Im Sarkophag fand man jedoch einzig einen Teil des Schädels sowie Kleidungsreste.

Der achteckige Kirchenraum besitzt einen zweigeschossigen Emporenumgang, und auch der nach Osten anschliessende, rechteckige Chor ist zweigeschossig. Die Empore war der Aufenthaltsort der Nonnen; sie hatten vom Kloster einen direkten Zugang hierher.

Ottmarsheim ist benannt nach dem heiligen Otmar, dem ersten Abt des Klosters St. Gallen, das in diesem Gebiet Güter be-

sass. Hier befand sich auch das Zentrum der habsburgischen Besitzungen im Elsass, bis dieses im 13. Jahrhundert nach Ensisheim verlegt wurde.
Mehrfach wurde das Ottmarsheimer Kloster geplündert und gebrandschatzt, so bereits während den Auseinandersetzungen der Habsburger mit dem Basler Bischof. Wegen erneuten Plünderungen im Jahr 1446 durch Basler Truppen erhielt die Äbtissin Elisabeth von Blumeneck von Erzherzog Albrecht

eine Entschädigung, die offenbar zur Neuausmalung der Kirche verwendet wurde. Jedenfalls erteilte die Äbtissin den Auftrag zu Fresken, wie sie noch heute zu grossen Teilen erhalten sind. Erkennbar sind etwa eine Darstellung Kaiser Heinrichs des Heiligen mit dem Basler Münster (Ottmarsheim gehörte bis 1801 zum Bistum Basel) oder Szenen aus dem Leben des Klostergründers Rudolf von Altenburg. Im Gewölbe des unteren Chors finden sich Reste eines Freskos, das die Verkündigung an Maria zeigt.

Ebenfalls im unteren Chor steht die Figur des heiligen Quirinus, das Gnadenbild der Quirinus-Wallfahrt aus der Zeit um 1720 (die ursprüngliche Statue wurde 1445 von den Baslern geraubt). Gemäss der Legenda aurea des Jakobus de Voragine war der Heilige ein römischer Tribun, der unter Kaiser Hadrian (117–138) den Märtyrertod erlitten haben soll. Eine Exvototafel aus weissem Marmor ist ein Überrest der einst reichen Ausstattung des Quirinus-Chors mit Votivbildern, die

hier zum Dank für Gebetserhörungen angebracht waren. Angerufen wurde der Heilige vor allem bei Halskrankheiten und Skrofulose (Haut- und Lymphknotenerkrankung).

Um 1580 wurde das Benediktinerinnenkloster in ein adeliges Damenstift umgewandelt. Da man den Damen nicht zumuten wollte, täglich mehrmals die Empore zu besteigen, wurde an die Kirche der Stiftsdamenchor (Liebfrauenkapelle) angebaut. Mit der Französischen Revolution endete die glanzvolle Zeit des Damenstifts. Die Frauen zogen aus und die vom französischen Staat konfiszierte Kirche war zum Abbruch vorgesehen. Im letzten Augenblick erwarb die politische Gemeinde Ottmarsheim die frühere Abteikirche und pflegt sie seither als Pfarrkirche weiter. Von den ehemaligen Klostergebäuden auf dem angrenzenden Areal ist nur der Gästebau erhalten geblieben. 1848 errichtete hier der Benediktinerinnenorden ‹von der ewigen Anbetung› ein neues Kloster mit eigener Kirche, das heute von einem Priorat der ‹Serviteurs de Jésus et de Marie› belegt ist. Diese Benediktinermönche betreuen die Pfarrei Ottmarsheim, sind in der Familien- und Jugendarbeit tätig und nehmen auch Gäste auf. Sonntags kann man in der romanischen Abteikirche während der Vesper um vier Uhr nachmittags ihren Gesängen lauschen.

Ex Voto. 1857.

PFAFFENHEIM

ANFAHRT
Pfaffenheim mit öffentlichen Verkehrsmitteln nicht erreichbar
Mit dem PKW auf der N 83 bis Pfaffenheim, durchs Dorf auf den Schauenberg hinauf

WEG
5 Gehminuten ab Parkplatz

ÖFFNUNGSZEITEN
1. Mai bis 30. Oktober
täglich 8–19 Uhr
Tel. +33 (0)389 49 35 33

Als heiligen Berg des Oberelsass möchte man den Schauenberg bezeichnen – interessanterweise hiess er ursprünglich Hoburg, so wie man den Odilienberg im Unterelsass früher Hohenburg nannte (siehe Mythische Orte am Oberrhein, Band 1, S. 129–135). Die Aussicht von der Terrasse des Schauenbergs mit den Gebäulichkeiten und der kleinen Kirche ist in jedem Fall eindrücklich. An seinen Füssen liegen die von Reben umgebenen Ortschaften Pfaffenheim und Gueberschwihr mit ihren teilweise romanischen Kirchen, etwas weiter südlich das Städtchen Rouffach mit seinem Liebfrauenmünster und die weite Ebene von Colmar bis zum Jura. Auf der gegenüberliegenden Rheinseite fällt der Blick zum Kaiserstuhl und zum Schwarzwald. An klaren Tagen soll man in der Ferne die Münster von Strassburg, von Freiburg und von Breisach und selbst die Firnen des Berner Oberlands erkennen können.

Verschiedene Legenden ranken sich um diese viel besuchte Wallfahrtsstätte. Um das Jahr 1400 sollen die Bewohner der Ebene den Ort in Brand und Feuer gesehen haben. Vor Schreck hätten sie ausgerufen: «Schaut am Berg!» Sie glaubten an einen Waldbrand und ritten herbei, aber der Wald war unversehrt geblieben. Seither habe man diesen Ort Schauanberg und später Schauenberg genannt.

Nach einer anderen Legende gelobte ein elsässischer Ritter auf seiner Pilgerfahrt ins Heilige Land, nach seiner Heimkehr

Votivbild mit Madonna von 1857

der Muttergottes eine Kapelle zu errichten. Als er in der Rufacher Gegend nach einem geeigneten Ort suchte, habe er zwischen Gueberschwihr und Pfaffenheim eine geheimnisvolle Stimme gehört, die «Schau den Berg!» rief. Und als er hinaufblickte, sah er an einem Vorhügel der Vogesen eine Flamme. Er ritt hin und bemerkte dort ein ganz von Feuer umgebenes, aber wunderbar erhaltenes Marienbild. An dieser Stelle soll er eine Kapelle zu Ehren der Lieben Frau erbaut haben.

Um 1400 liess sich hier ein Einsiedler nieder, der in der Überlieferung Udalricus genannt wird. Er errichtete neben der Einsiedelei eine Kapelle zu Ehren seines Namenspatrons Sankt Ulrich, des heiligen Bischofs von Augsburg (siehe auch S. 201), die 1441 erstmals erwähnt wird. Bald wurde der Ort bekannt und vielfach aufgesucht. 1483 stand die Kapelle unter dem Schutz der Muttergottes und im gleichen Jahr genehmigte der Bischof von Basel bereits einen Kaplan zur Betreuung der Wallfahrt.

Zeitgenössischen Berichten zufolge soll sich zu dieser Zeit ein Wunder ereignet haben: Eine Landgräfin von Hessen, vermutlich Anna, Gattin des Landgrafen Ludwigs I. des Friedfertigen, war schwer erkrankt. Im Traum soll sie von Gott die Anweisung erhalten haben, ihr persönliches Andachtsbild der Muttergottes auf einen Berg, genannt Schau-an-Berg, zu bringen, um wieder gesund zu werden. Sie schickte einen Boten hin mit dem Bild und einer Opfergabe. Als aber der

Bote nach getaner Pflicht das Marienbild wieder mit sich nehmen wollte, wie ihm befohlen war, liess sich dieses nicht mehr von dem Ort entfernen, wo er es abgestellt hatte. «Ohne Zweifel zum Zeichen, dass Gott diesem Bild Mariae diesen Berg gewidmet, dass sie dort solle angerufen und verehrt werden und dass Gott denen, die sie allda anrufen, durch ihre Fürbitte Hilfe, Trost und Gnaden mitteilen wolle», heisst es dazu in einem Bericht. Von da an zogen viele Gläubige auf den Schauenberg.

1685 wurde ein Neubau der spätgotischen Kapelle in Angriff genommen und von den Rufacher Franziskanern, die nun die Betreuung der Wallfahrt übernommen hatten, vollendet. 1695 weihte der Basler Weihbischof Kaspar Schnorf die neue Kirche, die nun vier Altäre enthielt: den Hochaltar der Virgo Assumpta, den St. Josephsaltar, einen Altar zu Ehren der Ordensheiligen Franz von Assisi und Antonius von Padua sowie einen Ulrichsaltar. Die Franziskaner legten den Kreuzweg an

und machten den Schauenberg zu einer der bedeutendsten Wallfahrtsstätten im Elsass. Als die kleine Kirche 1791 infolge der Revolution geschlossen wurde, verliessen die Mönche das Kloster. Einwohner von Pfaffenheim kauften die Gebäulichkeiten und schenkten sie 1810 der Gemeinde. Dank der Unterstützung durch die Bevölkerung konnte die Kirche renoviert werden; das zierliche Gnadenbild, das in der Pfarrkirche in Sicherheit gebracht worden war, fand seinen Platz wieder am Hochaltar. Heute steht es am Eingang des Chores, während

Exvotos im hinteren Teil der Kirche

im kleinen Chor des Vorgängerbaus – dem ältesten Teil der Kirche – ein grosser Flügelaltar mit Schutzmantelmadonna des Oberhergheimer Künstlers Joseph Saur aus dem Jahr 1947 aufgestellt ist.
Zahlreich sind die Exvotos im hinteren Teil der Kirche, wo gemalte Bilder und Marmortafeln von der Hilfe der ‹Mutter vom Schauenberg› berichten. Gerettet wurden beispielsweise 1849 eine Frau, die aus dem Fenster stürzte, und ein Mann, der unter einen Pferdewagen geriet. Hilfe zuteil wurde auch einem Mann, der sich 1834 in die Kette des Sodbrunnens verwickelte und beinahe in die Tiefe gestürzt wäre. In der Aussenmauer steckt noch eine Kanonenkugel aus dem Deutsch-Französischen Krieg von 1870/71 – dieser ist ebenfalls auf einer Exvoto-Scheibe thematisiert. Noch heute gibt es laufend neue Einträge ins Pilgerbuch. «Lass meine Mutter gut sterben», heisst es da, «Je mets mon fils à ta protection», oder: «Jésus, faites que j'habite chez mon papa». In den ehemaligen Klostergebäuden befindet sich jetzt ein Pilgerhaus mit kleiner Gastronomie und Tagungsräumen, das von Schwestern aus dem Kloster Saint-Marc bei Gueberschwihr geführt wird.
Der Wald in der Umgebung mit seinen malerischen Felsen lädt zu Wanderungen ein. So gibt es am Stationenweg den ‹Teufelsstein› (Pierre de Diable) zu entdecken, der Abdrücke der Finger des Bösen zeigen soll (die Legende ist in einem Fenster der Kirche Notre Dame dargestellt). Ein steiler Pfad führt ausserdem hoch über der Wallfahrtsstätte zu einer Steinplatte, die an einen Dolmen erinnert und im Volksmund ‹table des druides› (Druidenaltar) genannt wird.

Die keltische Höhensiedlung mit Murus Gallicus und Kultstätten

SAINT-DIÉ-DES-VOSGES

ANFAHRT

Bahn bis Saint-Dié
Mit dem PKW: in Saint-Dié in Richtung Marzelay, dem Wegweiser ‹Camp celtique› folgen durch die Route forestière de la Bure, Parkplatz ‹Col de la Crenée›

WEG

Ab Bahnhof 5 km bis zum ‹Camp celtique›, ab Parkplatz 25 Gehminuten

ÖFFNUNGSZEITEN

Gelände jederzeit zugänglich

HINWEISE

Infos über Rundwege und Führungen beim Office Déodatien du Tourisme, Saint-Dié
Archäologische Funde im Musée Pierre Noël: geöffnet Oktober bis April Di–So 14–18 Uhr; Mi zusätzlich 10–12 Uhr / Mai bis September Di–Sa 10–12 und 14–19 Uhr; So 14–19 Uhr / Mo und Feiertage geschlossen.
Tel. +33 (0)329 51 60 35

Spätrömische Grabstele eines Schmiedemeisters

Mit einer Aussicht weit über das Tal der Meurthe wird belohnt, wer den kurzen Aufstieg durch den lichten Wald zum Camp celtique de la Bure unternimmt, das auf einem Felssporn hoch über der Stadt Saint-Dié auf 580 Meter über Meer liegt. Im Sommer leuchten hier dunkelrote Digitalis durch Farn und Heidekraut.

Ausführliche Hinweistafeln geben Auskunft über die Entdeckungen, die man auf dem Rundgang durch das rund 30 000 Quadratmeter grosse Areal machen kann. Es ist die Société Philomatique Vosgienne, die hier die Ausgrabungen initiiert hat und die den Ort pflegt und betreut. Besonders eindrücklich sind die Nachbildungen aus Sandstein von Stelen und Grabmälern, die hier gefunden wurden und vom Leben längst vergangener Epochen erzählen. Weiter nördlich, auf dem Donon, ist ein gallorömisches Bergheiligtum zu finden (siehe Mythische Orte am Oberrhein, Band 1, S. 86–91).

Noch immer gibt das Camp de la Bure viele Rätsel auf. So war der Ort in der späten Jungsteinzeit von 3500 bis 2000 vor Christus bewohnt, dann aber offensichtlich für rund zweitausend Jahre wieder verlassen worden – aus der nachfolgenden Bronzezeit hat man keine Siedlungsspuren gefunden. Erst im 1. Jahrhundert vor Christus siedelten sich hier romanisierte Kelten aus dem Stamm der Leuker an. Die Einfälle der Alemannen in den Jahren 352–357 nach Christus haben schliesslich das Leben im Camp weitgehend ausgelöscht. Wenige Indivi-

duen sind hier aber offenbar geblieben. So hat man beispielsweise eine Pflugschar und Radnuten aus der zweiten Hälfte des 4. Jahrhunderts gefunden und aus der Merowingerzeit (6. und 7. Jahrhundert) kamen Gräber mit Waffen und Gürtelschnallen als Beigaben zum Vorschein.
Imposant ist der Murus Gallicus, der mehrschichtige Befestigungswall aus dem 1. Jahrhundert vor Christus. Er wies eine Dicke von bis über sieben Metern und eine Höhe von rund

drei Metern auf. Balken aus Eiche hielten die Trockenmauer zusammen. Auf der Hälfte seiner ursprünglichen Länge von siebenhundert Metern ist das Bauwerk noch zu sehen.
Um 275 nach Christus ist eine neue Ringmauer erstellt worden, in die mehrere Grab- und Votivsteine mit Reliefs und Inschriften aus den früheren Siedlungsperioden als Baumaterial eingearbeitet wurden. Besonders auffallend sind die Stele eines Schmiedemeisters, der mit seinem gesamten Werkzeug dargestellt ist, die Darstellung eines rätselhaften Pferdes mit

Relikt eines Tempels zu Ehren des keltischen Himmels- und Wettergottes Taranis

Fischschwanz, das die Seelen der Verstorbenen ins Jenseits führt, und ein Grabmal in Form eines Gehäuses. Dieses besitzt am Fuss eine Öffnung, die für Opfergaben bestimmt war. In seiner Form erinnert es an einen Sarkophag aus dem 7. Jahrhundert in der Kirche von Saint-Dizier-l'Evêque, dem noch heute Heilkräfte zugeschrieben werden (siehe S. 98–103).

Das Oppidum besass vier Tore, die zu den Ausfallstrassen und den lebenswichtigen Quellen führten. Man vermutet, dass in

Friedenszeiten rund hundert Menschen im Innern der Anlage wohnten; in Kriegszeiten brachten sich wohl auch die Leuker aus der Umgebung hier in Sicherheit. Die Wohnhäuser waren aus Holz gebaut, mit Strohdächern gedeckt und abschliessbar. Funde wie Keramikgeschirr, keltische Schmuckstücke, Spielzeug und Münzen lassen auf eine einfache, ländliche Lebensweise schliessen. Eine wichtige Rolle spielte offenbar die Metallverarbeitung – davon zeugen zwei schwere Ambosse von 11 und 23 Kilogramm Gewicht sowie Werkzeuge wie Messer,

‹Bassin des Dianes›: Überrest eines Dianaheiligtums

Hämmer, Pinzetten, Hacken und Meissel. Bis 1997 sind ausserdem insgesamt 1269 Münzen gefunden worden, 346 keltische und 923 römische.
Die heiligen Stätten, die verschiedenen Gottheiten geweiht waren, zeigen die religiöse Vielfalt der damaligen Bevölkerung auf, die hier in der Abgeschiedenheit, weit weg von den römisch dominierten Zentren, ihre Rituale pflegen konnten. So war beispielsweise ein rechtwinkliges Wasserbecken dem

keltischen Himmels- und Wettergott Taranis geweiht, der mit dem römischen Jupiter gleichgesetzt wurde. In der Nähe davon fand man zwei Reiterstatuen neben keltischen Münzen und römischen Bleigewichten. Ein weiteres rechwinkliges Wasserbecken von über sechs Metern Länge war offenbar den ‹Dianen› geweiht. Ein in der Nähe gefundenes Fragment einer Votivstele trägt nämlich die Inschrift ‹Dianis› – ein einzigartiges Fundstück, da die Jagd- und Mondgöttin Diana nur ganz selten in der Mehrzahl erscheint.

Pferd mit Fischschwanz als Seelenbegleiter: Grabstele aus dem 2./3. Jahrhundert nach Christus

Um das Jahr 660 hat der vermutlich aus Irland stammende Deodatus, Bischof von Nevers, am Fuss des Camp de la Bure eine Mauritiuskirche und das Kloster Juncturae gegründet. Um dieses religiöse Zentrum entstand die Stadt Saint-Dié-des-Vosges. In der Kathedrale, die nach Deodatus benannt ist, werden bis heute das Haupt und einige Gebeine des Bischofs verehrt. Nach den Zerstörungen von 1944 am Ende des Zweiten Weltkriegs ist die Kirche wieder aus den Trümmern erstanden und 1974 neu geweiht worden. In ihrem Innern findet man das um 1320 entstandene Gnadenbild Notre-Dame-de-Galilée, eine Kalksteinskulptur, die ursprünglich in der ‹Petite Eglise› stand. Zu dieser schlichten romanischen Kirche gelangt man vom Münster über einen spätgotischen Kreuzgang. Am Hauptaltar der ‹kleinen Kirche› thront eine schwarze Madonna mit Kind, die heute das Gnadenbild repräsentiert. Sie erinnert an die romanischen Marienstatuen aus der Auvergne, stammt jedoch aus der Zeit um 1900.

SAINT-DIZIER-L'ÉVÊQUE

ANFAHRT

Saint-Dizier-l'Évêque mit öffentlichen Verkehrsmitteln nicht erreichbar
Mit dem PKW von Porrentruy über Bure oder über Delle auf der D 26 und B 43

WEG

Ab Kirche 5 Gehminuten hinunter zur Quelle.
Rundwanderweg: 12 km (Wegweiser ‹Parcours de Saint-Dizier-l'Evêque› folgen nach Villars-le-Sec und Croix)

ÖFFNUNGSZEITEN

Quelle jederzeit zugänglich
Kirche tagsüber offen

‹Pierre des fous› in der Sakristei

Man käme kaum auf die Idee, das kleine, stille Dorf Saint-Dizier-l'Évêque aufzusuchen, wüsste man nicht, dass hier ein ganz besonderer Schatz zu entdecken ist. Die von einem Friedhof umgebene Kirche, die diese Kostbarkeit birgt, zeigt sich nach aussen hin bescheiden. Wer genau hinschaut, bemerkt jedoch, dass es sich um eines der ältesten Gotteshäuser dieser Region handelt, dessen romanisches Mauerwerk erhalten geblieben ist. Im Inneren wurden die drei Kirchenschiffe um 1575 mit spätgotischen Kreuzgewölben versehen; den Glockenturm hat man im 19. Jahrhundert erhöht. Im Jahr 1926 ist die Kirche in das Verzeichnis der Monuments historiques eingetragen worden.

Es wird berichtet, dass hier schon im 7. Jahrhundert eine Sankt Martin geweihte Kapelle stand, als ein Bischof namens Desiderius mit seinem Diakon Reginfrid und dem Diener Willibert an dieser Stelle vorbeikam. Der Bischof soll hier, assistiert von seinem Diakon, eine Messe abgehalten haben. Nach der Legende haben Räuber, geblendet von den kostbaren liturgischen Gefässen, die im Gottesdienst verwendet wurden, die drei Gefährten überfallen. Reginfrid starb als erster und Willibert erlitt schwere Kopfverletzungen. Als auch Desiderius tödlich getroffen wurde, trug er Willibert auf, ihn und seinen Diakon in der Martinskapelle zu bestatten, worauf der Diener vollständig geheilt wurde. Die Kapelle wird seither nach den beiden Märtyrern benannt, die später auf Französisch Dizier und Reinfroid heissen sollten. 736 wurde sie unter den Schutz der Abtei Murbach gestellt (siehe auch Mythische Orte am Oberrhein, Band 1, S. 122–127). Diese liess sie durch eine romanische Kirche ersetzen, die 1041 durch Erzbischof Hugues de Salins von Besançon geweiht wurde. Das steinerne, mit Ornamenten verzierte Grabmal des Desiderius, heute ‹Pierre des fous› (‹Stein der Verrückten›) genannt, wurde im Chor der Kirche über dem Grab des Heiligen aufgestellt.

In Erinnerung an die wunderbare Heilung des Dieners Willibert durch Bischof Desiderius soll sich schon bald nach dessen Tod eine Wallfahrt entwickelt haben, von der sich vor allem Menschen mit Kopfverletzungen und -erkrankungen wie Migräne, Hirnhautentzündung und Geisteskrankheiten Heilung versprachen. Über Jahrhunderte kamen diese Hilfesuchenden zum Teil von weit her ins Dorf; sie wurden in der Kirche während einer ‹Novene› (neun Tage) einquartiert und mussten sich einer strengen Diät unterziehen. Von einem Wärter oder einer Wärterin wurden sie bei dieser Kur begleitet und fanden tagsüber Aufnahme bei den Dorfbewohnern. Jeden Morgen brachte man die Kranken zur Quelle hinunter ins Tal, wo sie in den Brunnentrögen gebadet wurden. Den Kopf wuschen sie in den steinernen Nischen, die heute noch hinter dem Waschhaus zu sehen sind. Für die Kranken, die täglich die Kommunion empfangen und unter dem ‹Pierre des fous› durchkriechen mussten, gab es auch Gebete und Exorzismen.

Dieser Zustrom hielt an, bis 1850 ein Geistlicher aus der Umgebung den örtlichen Pfarrer unlauterer Praktiken bezichtigte und die Wallfahrt daraufhin versiegte.

Der ‹Stein der Verrückten›, dessen seitliche Wandungen je eine gerundete Öffnung aufweisen, ist aber bis heute nicht in Vergessenheit geraten. Zwar wurde das kostbare Grabmal 1810 vom damaligen Pfarrer François Giraudeau kurzerhand um ein gutes Stück gekürzt, weil es ihm während der Messe im Weg stand. Im Jahr 1854, als die Kirche renoviert und

Sarkophag des Heiligen Desiderius in der Krypta

der Fussboden abgesenkt wurde, versetzte man den massiven Stein in die tiefer gelegene Sakristei; das eigentliche Grab verblieb aber im Chor. 1880 liess der damalige Pfarrer, Abbé Joseph Faivre, die Grabstätte öffnen. Gefunden wurde allerdings bloss ein Schienbeinknochen, denn während Jahrhunderten hatte man hier Reliquien herausgeholt und unter anderem nach Murbach, Basel, Luzern und Delémont (siehe auch S. 20–25) verbracht. So gelangte auch ein kostbares Kästchen

mit Strümpfen und einem Schuh, die mit dem Heiligen in Verbindung gebracht werden, in die Abtei Moutier-Grandval. Allerdings wurden die Kleidungsstücke mit naturwissenschaftlichen Methoden ins 12. Jahrhundert datiert; sie befinden sich heute im Musée jurassien d'art et d'histoire in Delémont.

Für den Steinsarg wurde nun eigens eine Krypta bereitgestellt. Mit sechs Steinen hob man den Deckel nach oben und legte in die Öffnung eine Vitrine mit einer Nachbildung des heiligen Desiderius, gekleidet in ein rotes Gewand. In einer ehemali-

Überwachsene Brunnen im Tal: Hier wurden früher die kranken Pilger gebadet

gen Türnische sind hinter Glas auch dessen Knochenreste in zwei vergoldeten Kästchen zu sehen und ausserdem die alte Madonnenstatue aus der Chapelle du Val der Nachbargemeinde Lebetain.
Das aufgelegte Pilgerbuch zeigt, dass Saint Dizier auch heute noch um Hilfe angerufen wird – gegen dreihundert Einträge sind für das Jahr 2007 zu verzeichnen. «Merci de m'avoir rendu un peu moins fou», heisst es hier, oder: «J'ai passé sous la pierre. Ce n'est pas évident à 62 ans, mais on s'accroche». Ein gewisser Antoine wiederum findet den Ort «trop cool». Auf dem Grabdeckel liegen Briefe. So schreibt eine besorgte Mutter auf einem Zettel: «Saint Dizier, faite que l'énurésie de mon fils cesse, qu'il écrive bien à l'école et partout. Merci. Sa Maman qui l'aime très fort».
Aber auch wer nicht unbedingt Heilung sucht, wird in diesem verträumten Tal Ruhe und Erholung finden. Ein ‹Parcours de Saint-Dizier-l'Évêque› wurde hier ausgeschildert, der von der Eglise de Saint-Dizier ins Tal unter anderem zu den Brunnen, zur Talkapelle und zum legendären Teufelsstein bei Villars-le-Sec führt. Hier wollte sich nach der Legende der Teufel auf Saint Dizier stürzen, weil der Missionar ihm die Seelen streitig machte. Der Fels, von dem der Böse abspringen wollte, soll aber plötzlich weich geworden sein, sodass er darin stecken blieb. Zu sehen sind vier tiefe ‹Fussspuren› im Stein, die vom Teufel stammen sollen, und vier weitere von Saint Dizier.

Wenn die ‹Conscrits› durchs Johannisfeuer springen

SOULTZBACH-LES-BAINS

ANFAHRT
Bahn bis Wihr-au-Val

WEG
15 Gehminuten über die Brücke bis Soultzbach-les-Bains

HINWEIS
Johannisfeuer am letzten Samstag im Juni nach dem Eindunkeln

Ein Johannisfeuer ganz besonderer Art kann man letzten Samstag im Juni in Soultzbach-les-Bains, einem schmucken Städtchen im Münstertal, miterleben. Das ist nicht verwunderlich, ist doch der Schutzpatron des Orts Johannes der Täufer, dessen Gedenktag auf den 24. Juni fällt. Die Johanneskirche mit dem Friedhof steht auf einer kleinen Anhöhe am Stadtrand. Der ehemalige Badeort ist mit seinen gut erhaltenen Befestigungsmauern, dem Schloss und den schmucken Fachwerkhäusern ein Bijou des Vallée de Munster. Seit 1294 herrschten hier die Herren von Hattstatt, die 1603 von jenen von Schauenburg abgelöst wurden. Unter letzteren wurde das Bad ausgebaut und das Schloss zum Kurhotel umgewandelt. Sogar Casanova soll sich 1782 darin aufgehalten haben. Im Übrigen verlustierte sich hier vor allem die ‹bessere Gesellschaft› von Colmar und Basel. Heute beherbergt das Schloss die Altersresidenz Sainte-Anne.

Kommt man am Samstag vor Johanni (24. Juni) gegen Abend ins Städtchen, herrscht die berühmte Stille vor dem Sturm. Dabei ist es am Nachmittag zugegangen wie in einem Bienenhaus. Die ‹Conscrits› – die neu ausgehobenen Rekruten, die hier ‹Melisse› genannt werden (möglicherweise abgeleitet von ‹Milizen›) – haben Körbe voller roter Rosen in den Gärten geerntet, und die gleichaltrigen Mädchen haben Stunden damit verbracht, Blüte an Blüte auf grosse Hüte zu applizieren. Spät in der Nacht werden diese Hüte die Köpfe ihrer Liebsten vor

Ein ‹Conscrit› springt durch das Johannisfeuer in Soultzbach-les-Bains

der Hitze schützen, wenn sie nach altem Brauch durchs Feuer springen.
Der riesige Holzstoss auf der Anhöhe steht beim Eindunkeln bereit. Rund sieben Meter hoch ist der mit grünem Tannenreis abgedeckte Haufen aus reinem Rebholz. Bald ist Musik zu hören, und ein kleiner Umzug mit den Honoratioren des Orts, den Sapeurs-Pompiers (Feuerwehrmänner), den ‹Melisse› und ihren Begleiterinnen zieht durch die Altstadt und führt hin-

auf zum Hügel. Aus einem kleinen Vorfeuer trägt dann eines der Mädchen die Flammen zum grossen Holzstoss hinüber. Währenddessen lassen die Conscrits ihre Fackeln auflodern und vollführen in einer langen Reihe einen wilden Reigen, als ob sie ihren Mut anfachen wollten. Sobald das Hauptfeuer etwas zurückgeht, bahnen die Feuerwehrleute mit einem Balken einen Weg durch die Glut, durch den die ‹Melisse› schreiten werden. Der Älteste springt mit wehender Trikolore voraus, sein Halstuch übers Gesicht gezogen, die andern mu-

Johannisfeuer in Raedersdorf (Sundgau)

tig hintennach. Dreimal wird die Mutprobe vollzogen. Wer sie besteht, gilt fortan als Erwachsener.

Johannisfeuer lodern in den Nächten um die Zeit der Sommersonnenwende an unzähligen Orten im Elsass. Bis zu zwanzig Meter hoch sind die üblicherweise kunstvoll aus Holzbalken viereckig aufgetürmten ‹Fackeln›; berühmt sind vor allem jene auf den Höhen des Amarintales zwischen Moosch und Kruth. Sie sind die Überbleibsel eines alten Sonnenwend-

kultes, der in ganz Europa verbreitet war. In der Schweiz ist das Johannisfeuer durch die Höhenfeuer zum 1891 eingeführten Nationalfeiertag am 1. August verdrängt worden.

Weil es der Kirche nicht gelang, diese ‹heidnischen› Feste abzuschaffen, verlegte man sie im frühen Mittelalter auf den wichtigsten christlichen Feiertag in diesem Zeitraum, den Geburtstag Johannes des Täufers am 24. Juni, der jeweils am Vorabend gefeiert wird. Johannes wird übrigens als einziger Heiliger am Geburtstag und nicht am Todestag geehrt. Sei-

Johannisfeuer in Raedersdorf

nem Festtag steht im Jahreslauf das Datum der Geburt Christi zur Wintersonnenwende exakt gegenüber.

Noch bis ins 20. Jahrhundert hinein verband sich mit dem Johannistag und der vorausgehenden Nacht eine Unmenge von magischen Vorstellungen und Praktiken. Verbreitet waren das Umtanzen des Flammenstosses und – wie heute noch in Soultzbach-les-Bains – der Sprung durchs Feuer, verbunden mit allerlei Segenswünschen. Eltern trugen dabei ihre Kinder

auf den Armen, um sie vor Krankheiten zu schützen; jungen Paaren sollte der Sprung durchs Feuer zur Heirat verhelfen, sofern sie dabei die Hände nicht losliessen. Zur Bewahrung vor Seuchen trieb man auch das Vieh durch die Glut. In Epinal und Metz soll man noch zu Beginn des 20. Jahrhunderts sogenannte Hexentiere wie Kröten, Schlangen und Katzen im Johannisfeuer lebendig verbrannt haben, wie Michèle Bardout in ihrem Buch ‹La paille et le feu› ausführt. Der Rauch des Feuers sollte die Luft von bösen Geistern reinigen und gutes

‹Conscrits› werden von ihren Freundinnen mit Rosenhüten geschmückt

Wetter bewirken. In dieser Tradition steht auch das ‹Tanneverbrenne› in Thann (Crémation des trois sapins) jeweils am 30. Juni. Noch heute sammeln dort die Menschen Holzkohlenreste des Feuers ein, die – zu Hause aufbewahrt – vor Feuersbrunst schützen sollen (siehe Mythische Orte am Oberrhein, Band 1, S. 163).

1778

Notre Dame du Schaefertal, ein altes Quellheiligtum

SOULTZMATT

ANFAHRT

Bahn bis Mulhouse, Bus Kunegel bis Guebwiller (eingeschränkte Verkehrszeiten)
Mit dem PKW via Rouffach nach Soultzmatt, auf der D 18 und D 40 bis zur Kapelle

WEG

Wanderwege ab Guebwiller, Soultzmatt (über den Kreuzweg) oder Orschwihr zur Kapelle

ÖFFNUNGSZEITEN

Kapelle offen bei Sommerzeit 7–18 Uhr, bei Winterzeit 8–19 Uhr

Auf einer einsamen Lichtung im Schäfertal (Val du Pâtre), dort, wo sich die Waldwege der drei Täler von Orschwihr, Soultzmatt und Wintzfelden kreuzen, steht eine Kapelle, deren Ursprung von Legenden umwoben ist. Die ‹Amis du Schaefertal›, die das kleine Gotteshaus vor dem Zerfall gerettet haben, äussern die Vermutung, es könnte sich hier um einen christianisierten Kultplatz keltischer Druiden handeln.

Nach der Legende soll Maria an diesem abgeschiedenen Ort persönlich geholfen haben, als eine grosse Trockenheit herrschte und die hier weidenden Schafe zu verdursten drohten. Mit ihrem Hirtenstab habe ‹Marie la bergère› auf den Boden geklopft und dabei eine reichlich fliessende Quelle erweckt. Auf einer Votivtafel, die Pfarrer Higelin von Merxheim 1719 gestiftet hat, ist die Geschichte – in Wort und Bild liebreich ausgeschmückt – zu bewundern. Auf dem Altar steht die freundliche Gnadenmutter mit ihrem lebhaften Jesuskind – eine Statue aus der Frührenaissance.

Quelle und Brunnen fliessen noch immer neben der Kapelle; eine kleine Mauer mit Sitzgelegenheiten und eine kleine Wiese laden ein zum Verweilen. Die Wallfahrt aus den umliegenden Orten zu dieser Quelle, die bei verschiedenen Leiden Heilung versprach, war sehr beliebt, sodass die Kapelle, die 1339 erstmals erwähnt wird, im Jahr 1511 vergrössert werden musste. Bei der Weihe soll der Basler Weihbischof Tilman Lim-

Ein Mann holt ‹heiliges Wasser› am Brunnen im Schäfertal

perger den Gottesdienst gehalten haben; den Baselstab findet man auf dem Chorbogen auf der rechten Seite, während auf der linken das Wappen von Soultzmatt mit dem stolzen Hahn angebracht ist. Ein spezieller Ablass von vierzig Tagen wurde den Pilgern gewährt, die die neue Kapelle aufsuchten, und bereits am Ende des 16. Jahrhunderts musste diese abermals vergrössert werden. Im 15. Jahrhundert ist von sechs Quellen im Umland von Soultzmatt (Sulz = salzhaltige Mineralquelle)

die Rede. Das Heilbad ist 1893 abgebrannt; bekannt ist heute das hier abgefüllte Mineralwasser ‹Lisbeth›.

Der Kreuzweg mit vierzehn Stationen, der von Soultzmatt ins Schäfertal führt, ist 1778 von zwei frommen Winzern gestiftet worden, deren Ernte in einem grossen Sturm verschont geblieben war. 1951 hat der Künstler Robert Gall die Bilder auf den Steinkreuzen erneuert.

Alte Jakobspilgerwege führen von Orschwihr in fünfzig Minuten und von Guebwiller in eineinhalb Stunden zum Wallfahrtsort. Rund achthundert Meter vor der der Kapelle erreicht man einen grossen rumänischen Soldatenfriedhof aus dem Ersten Weltkrieg, an dessen Eingang ein Wegweiser auf den nahen ‹Chemin du Menhir› mit dem ‹Langenstein› aufmerksam macht. In einer Sage heisst es, dass sich in gewissen Mondnächten hier weisse Frauen versammeln. Der Stein richte sich dann auf, drehe sich um sich selbst, während die weissen Frauen ihn umtanzen.

THIERENBACH

ANFAHRT

Thierenbach mit öffentlichen Verkehrsmitteln nicht erreichbar

Mit dem PKW von Soultz bei Guebwiller über Jungholtz nach Thierenbach

ÖFFNUNGSZEITEN

Wallfahrtskirche tagsüber offen, ausser 12–14 Uhr

HINWEISE

Parkplätze und Pilgergaststätten vorhanden

Kirchweihfest am ersten Sonntag im Juli mit Gottesdiensten tagsüber und Lichterprozession um 21 Uhr

Zu Hunderten bekleiden Votivbilder und -tafeln die Wände der Basilika von Thierenbach in der hügeligen Vogesenlandschaft am Fuss des Grand Ballon. In anrührenden Geschichten erzählen sie von den Anliegen und Erhörungen der Menschen, die seit Jahrhunderten hierher zur ‹Maria Immerhilf› pilgern. Da findet man die Darstellung einer Grossfamilie unter der von Wolken umgebenen Madonna. Kniend ist man zum Gebet vereint: drei Männer, zwei Frauen, drei Mädchen im weissen Kleid; in ihrer Mitte liegen am Boden, jedes mit einem Kreuzchen versehen, sieben Kleinkinder, die den Tod erlitten haben. Das Bild ist mit der Jahreszahl 1857 versehen. Von einem Mann, der beim Ernten von einem Baum stürzte und das Unglück heil überstand, wird auf einem Exvoto von 1847 berichtet und auf einer weiteren Darstellung von 1935 liegt der Organist von Wintzenheim im Spitalbett und erklärt sich am Krönungsfest der Gnadenmutter glücklich wieder gesund. Immer wieder zeigen sich auch Bauernfamilien dankbar für Heilungen im Stall. Die ältesten Votivbilder stammen aus der Nachbarstadt Soultz – die romanisch-gotische Vorgängerkirche von Thierenbach ist darauf erkennbar – und von Wattwiller (1797). Je nach Ursprungsjahr sind die Tafeln deutsch oder französisch beschriftet. So heisst es auf einem Bild aus Soultz von 1943: «Elle m'a protégé dans des combats meurtriers» – eine schmerzhafte Erinnerung an die wechselvolle Geschichte des Elsass.

Seitenaltar mit Gnadenbild

Im Zentrum der Wallfahrt steht das ausdrucksvolle, aus Holz geschnitzte, beinahe lebensgrosse Gnadenbild der Madonna der Sieben Schmerzen von 1350, das sich am barocken Seitenaltar in der nördlichen Apsiskapelle befindet. Beim Seiteneingang der Kirche wird hinter Glas das goldbestickte Gewand aufbewahrt, mit dem die Madonna bei ihrer Krönung im Juli 1935 bekleidet war. Ebenfalls als Gnadenbild verehrt wird die spätgotische Pietà aus der Vorgängerkirche in der nachträg-

lich angebauten Beichtkapelle. Vier weitere polychrome und vergoldete Holzskulpturen aus derselben Zeit stehen auf Konsolen an den Pfeilern des Kirchenschiffs: Sankt Benedikt in schwarzer Ordenstracht schaut hinüber zur heiligen Margareta mit dem Drachen zu ihren Füssen; die heilige Katharina mit dem Rad bildet wiederum ein Paar mit der heiligen Barbara, die ein Ziborium in der Hand hält.

Das frühere Benediktinerpriorat, das bis zur Französischen Revolution am Wallfahrtsort bestand, geht bis in das 12. Jahrhundert zurück. Nach der Überlieferung sollen sich hier aber schon im 8. Jahrhundert Wandermönche niedergelassen haben. Sie stammten aus einer Gruppe von iroschottischen Mönchen, die vom Heiligen Pirmin aufgefordert worden waren, im Nachbartal die Abtei von Murbach zu gründen (siehe auch Mythische Orte am Oberrhein, Band 1, S. 122–127). Das benötigte Land stellte der merowingische Graf Eberhard von Eguisheim zur Verfügung. In der Umgebung der neuen Abtei legten die Mönche an gerodeten Stellen Meierhöfe an, zu denen jeweils eine Kapelle gehörte. Eine davon soll um 730 im Tal von Thierenbach errichtet worden sein. Es scheint, dass sie die einzige war, die der Muttergottes geweiht wurde, während man als Patrone der anderen Kapellen damals volkstümliche Heilige wie Nikolaus, Petrus und Paulus oder den Erzengel Michael wählte.

In diesen Zusammenhang gehört auch die Legende, die man sich über den Ursprung der Marienwallfahrt in Thierenbach erzählt. Es heisst, Kinder hätten auf den Wiesen am Bach gespielt. Dabei hätten sie etwas im Wasser schwimmen gesehen, das sie zuerst für ein Tier hielten. Tatsächlich war es aber ein Bild der Jungfrau Maria. Man befestigte dieses an einem Baum und stellte es später in eine Kapelle.

Bereits im 8. Jahrhundert soll Thierenbach zahlreiche Pilger angezogen haben; geschichtlich fassbar wird die Wallfahrt jedoch erst ab 1125. Zu dieser Zeit soll ein junger Adliger von Soultz von einer unheilbaren Krankheit befallen worden sein. Er liess sich vor die Madonna von Thierenbach tragen, um seine Genesung zu erflehen und übertrug, als diese tatsächlich erfolgte, seine gesamten Güter an die Muttergottes von Thierenbach zur Betreuung der Kapelle. Darauf pilgerte er zur Abtei Cluny, wo er in den Orden des heiligen Benedikt eintrat. Sein Abt, Petrus Venerabilis, kam in der Folge nach Murbach, war bezaubert von der schönen Lage am Thierenbach und gründete hier im Einvernehmen mit dem Abt von Murbach ein Priorat seines Ordens. Unterstützt wurde er von Ulrich, dem letzten Grafen von Eguisheim, dem das Lehensgut von Soultz gehörte. In der Gründungsurkunde von 1130 bestätigte der Basler Bischof Berthold von Neuenburg die Zugehörigkeit des Priorats und dessen Kirche zur Abtei von Cluny. Später schenkte die Stadt Soultz Thierenbach die umliegenden Grundstücke; als Gegenleistung verpflichtete sich Cluny, die

Einwohner an den Gebeten und Gottesdiensten der Mönche teilnehmen zu lassen.

Dank seiner Lage am Pilgerweg nach Santiago de Compostela erlebte das Kloster einen grossen Aufschwung. Bis ins 19. Jahrhundert hinein stand meist die Madonna mit dem Kind auf dem Arm im Mittelpunkt der Verehrung; in schweren Notzeiten war es dagegen vor allem die Schmerzensmutter, zu der man Zuflucht suchte. Mehrfach wurde das Kloster verwüstet, so im Bauernkrieg von 1525 und im Dreissigjährigen Krieg.

Prozession von Wallfahrern zu Ehren der ‹Maria Immerhilf›

Zu Beginn des 18. Jahrhunderts entstand nach Plänen des Vorarlberger Baumeisters Peter Thumb ein Neubau. Die Französische Revolution setzte dieser letzten Blütezeit ein Ende. Die Mönche mussten das Kloster verlassen, das zum staatlichen Eigentum erklärt wurde. Die Stadt Soultz kaufte Klostergebäude und Kirche und ermöglichte die heimliche Fortführung der Wallfahrt. Im Ersten Weltkrieg verlief die Front in unmittelbarer Nähe von Thierenbach beim Hartmannsweilerkopf und beim Sudelkopf. Die Bevölkerung wurde evakuiert und das Gnadenbild auswärts in Sicherheit gebracht. Bei der Renovation der Kirche von 1932 entstand der neubarocke Turm mit der Zwiebelhaube. Am 22. Juli 1935 wurde die ‹Liebe Frau Immerhilf› feierlich bekrönt, ein Jahr später erhob Papst Pius XI. die Wallfahrtskirche von Thierenbach in den Rang einer kleinen Basilika. Die Pilger kommen weiterhin in Scharen – mit 300 000 Besuchern pro Jahr ist Thierenbach der bedeutendste Wallfahrtsort des Oberelsass.

merci

Die Ermitage des Frère Joseph

VENTRON

ANFAHRT
Ventron mit öffentlichen Verkehrsmitteln nicht erreichbar
Mit dem PKW von Thann auf der N 66 bis Fellering und dann auf der D 13 über Kruth bis Ermitage du Frère Joseph

WEG
Zwei Gehminuten zur Ermitage am Waldrand hinter dem Hôtel les Buttes

ÖFFNUNGSZEITEN
Ermitage mit Kapelle tagsüber offen

HINWEIS
Am letzten Sonntag im Juli Wallfahrt zur Ermitage mit Messe im Freien. Grab des Frère Joseph in der Kirche von Ventron

Fährt man über Thann und Fellering und weiter über den Col d'Oderen in Richtung Gérardmer durch die Landschaft der Vogesen, zweigt kurz vor Ventron ein Strässchen ab, das beim Weiler Ermitage du Frère Joseph endet. Am höchsten Punkt, hinter dem Hôtel les Buttes, gelangt man auf einem kurzen Fussweg zum Waldrand, wo eine kleine, noch vollständig erhaltene Einsiedlerklause mit winziger Küche, Wohnraum und Kapelle steht. Immer wieder kommen Menschen vorbei, die hier eine kurze Rast einlegen, beten oder im Pilgerbuch ihre Anliegen festhalten. «S'il te plaît Frère, aide-moi pour mon année scolaire», schreibt beispielsweise der neunjährige Thomas, und in einem anderen Eintrag heisst es: «Cher Frère Joseph, rends bien à ma maman la guérisson de sa jambe.» An den Wänden der Kapelle drücken unzählige Votivtafeln den Dank an den wundertätigen Einsiedler aus, der hier einst hauste.

Im Jahr 1751 hat sich Frère Joseph noch als junger Mann hier niedergelassen. Es heisst, zuvor sei er den Leuten von Bussang aufgefallen, weil er jeden Sonntag in der Kirche zur Messe erschien, in zerlumpter Kleidung und frierend vor Kälte. Niemand wusste, wer er war und woher er kam. Man sah ihn bloss nach der Kirche im Wald in Richtung Fortgoutte verschwinden. Im Frühjahr 1749 hörte der Holzhauer Jean-Jacques Valroff bei seiner Arbeit im Wald jemanden in der Nähe singen. Er ging der Stimme nach und entdeckte eine Waldhütte aus

Innenraum der Ermitage

Ästen, Moos und Rinden, in der er den jungen Mann betend vorfand. Er freundete sich mit ihm an und erfuhr, dass sich dieser früher als Eremit in einer alten Kapelle in Demrupt niedergelassen hatte, jedoch als Vagabund von dort vertrieben worden war.

Pierre-Joseph Formet, so hiess der Eremit mit bürgerlichem Namen, wurde am 7. Februar 1724 in Lomontot, einem kleinen Dorf der Haut-Saône, geboren. Sein Vater war Holzschuh-

macher, seine Mutter, eine sehr fromme Frau, starb, als Joseph vierzehn Jahre alt war. 1748, nach dem Tod seines Vaters, zog Joseph in die Vogesen, wo er sich als Einsiedler niederliess. Schliesslich kam er in die Gemeinde Ventron, die dem frommen Mann 1751 eine Hütte zur Verfügung stellte und sechs Jahre später die Kapelle mit der Klause errichtete. Dreiunddreissig Jahre lang lebte Joseph hier, bewirkte unzählige Wunderheilungen und wurde von der Bevölkerung ausserordentlich verehrt. Am 30. April 1784 starb er im Alter von

60 Jahren. Die Stiftsdamen der Abtei von Remiremont baten um Überführung des Leichnams; die Gemeinde Ventron bestand aber darauf, das Grab in ihrer Pfarrkirche zu bewahren, wo es noch heute zu sehen ist.

Am 22. April 1903 wurde Frère Joseph von Papst Leo XIII. für verehrungswürdig erklärt. Auf der Anhöhe ‹Tête de l'Ermite› auf 1050 Metern über Meer hat man zu seinem Andenken ein Kreuz errichtet.

Fürbittenbuch im Innern der Klause

WINKEL

ANFAHRT
Winkel mit öffentlichen Verkehrsmitteln nicht erreichbar
Mit dem PKW über Ferrette auf der D 41 bis Winkel und durchs Dorf hinauf bis zum Waldrand

WEG
Quellenareal auf der rechten Seite der Strasse

ÖFFNUNGSZEITEN
Quelle öffentlich zugänglich
Warthkapelle tagsüber offen

HINWEIS
Parkplatz am Waldrand

Warthkapelle in Winkel

Zwischen Ferrette (Pfirt) und Lucelle (Lützel) liegt Winkel, ein bescheidenes Dorf im Jura Alsacien, auf dessen Gemeindebann die Quelle der Ill liegt. Es heisst, der Ortsname leite sich von *vini cellae* ab – den Weinkellern, die das Kloster Lucelle hier besass. 1146 jedenfalls erscheint erstmals der Name ‹Winchelein›.

Von Ferrette her kommend führt die Strasse an der Wegkapelle Saint-Antoine vorbei durch eine imposante Lindenallee steil aufwärts in Richtung Dorfzentrum. Oben angekommen biegt man auf der Kreuzung mit dem Brunnen links ab in die Rue Principale und fährt an vielen Riegelhäusern vorbei bis hinauf an den Waldrand.

Es ist ein ganz besonderes Erlebnis, dort das umsichtig gestaltete Areal zu betreten, auf dem die Ill aus dem Wald des Glaserbergs – unweit der Schweizer Grenze – entspringt. Vermutlich hat der Fluss dem Elsass den Namen gegeben. Ein nettes altes Lied, das dem Bach gewidmet ist, beginnt mit den Worten: «Bi Winkel dert owe, so einsam un still, dert brüschelt e Bächle, das isch uns're Ill...»

Kaum hat der Bach seinen Lauf begonnen und die Talsohle erreicht, verschwindet er unter dem Weideland, fliesst unterirdisch weiter und erscheint erst wieder kurz vor dem Eingang zu Ligsdorf. Unzählige Mühlen – vor allem Sägemühlen – hat die Ill früher auf ihrem Lauf in Gang gebracht. Zwischen Raedersdorf und Oltingue wechselt sie in gros-

sem Bogen die Richtung und fliesst gegen Norden über Altkirch, Mulhouse, Colmar und Strassburg, um schliesslich bei Gambsheim in den Rhein zu münden.
Im Jahr 2003 verwirklichte ein Gremium von prominenten Elsässer Persönlichkeiten die künstlerische Gestaltung des Areals rund um die Quelle der Ill gemeinsam mit dem Landschaftsarchitekten Dominique Szulc und der Bildhauerin Anne Rochette. Seither kann man sich hier in einer Art

natürlicher Arena, in deren Mitte die Quelle entspringt, auf Steinkreise aus Porphyr niedersetzen und die unzähligen, sanft gerundeten Skulpturen und den grossen Quellstein aus poliertem Jurakalk bewundern, aus denen durch kleine Öffnungen das aus dem Boden dringende Quellwasser fliesst. Ein Brunnstock gibt Gelegenheit, vom kühlen Wasser zu kosten.
Geht man in Richtung Dorf zurück, so kommt man nach rund hundertfünfzig Metern zur Rue de la Chapelle (Kappelrain), wo die legendäre Warthkapelle zu entdecken ist. An dieser

Moderne Kunst an der Illquelle

Stelle entsprang früher eine angeblich heilkräftige Quelle, die grossen Zulauf hatte und vor allem bei Missbildungen von Extremitäten aufgesucht wurde. Seit 1870 ist sie versiegt. Die in den Fels gebaute Kapelle birgt eine liebliche Madonna, erinnert aber auch an eine düstere historische Begebenheit: Im Bann von Winkel besass Ritter Rudolf von Warth Ländereien und ein Schloss. Am 1. Mai 1308 wurde Kaiser Albrecht I., Sohn des Rudolf von Habsburg, von seinem Neffen Johann von Schwaben bei Windisch an der Reuss ermordet, und da Rudolf von Warth zu den Verschwörern gehörte, wurde er zum Tod durch das Rad verurteilt. Während sich seine junge Witwe in ein Basler Kloster zurückzog, sollen die Söhne – zwei davon waren Geistliche – die 1362 erstmals erwähnte Kapelle errichtet haben an der Stelle des väterlichen Schlosses, das nach der Überlieferung von der kaiserlichen Witwe aus Rache geschleift worden war. Auf einer Tafel in der Kapelle lässt sich die Geschichte nachlesen.

Die Kirche zu ‹Patapere› – von einem Alemannen gestiftet

BETBERG

ANFAHRT
Bahn bis Heitersheim, Bus bis Haltestelle Seefelden, Rathaus Buggingen

WEG
2,5 km vom Rathaus Seefelden bis Betberg

ÖFFNUNGSZEITEN
Kirche tagsüber offen

HINWEIS
Haus der Besinnung, D-79426 Buggingen-Betberg:
Tel. +49 (0)7634 28 96
oder +49 (0)7634 50 49 11
betberg@web.de

Zwischen Belchen und Rheinebene liegt bei Buggingen-Seefelden auf einer kleinen Anhöhe das idyllische Dorf Betberg. In der Ortsmitte plätschert ein Brunnen; von dort führt eine Treppe hinauf zu einem verträumten stillen Platz mit Friedhof und Kirche.

Betberg war im 8. Jahrhundert der Herrensitz eines alemannischen Adligen. Nachdem er den christlichen Glauben angenommen hatte, liess er hier eine Kirche erbauen. Diese wird erstmals im Jahr 789 im Codex Laureshamensis, dem Urkundenbuch des Klosters Lorsch, erwähnt als ‹Kirche zu Patapere›. Adelgard, die Tochter des Adligen, hatte damals ihr gesamtes Erbe um ihres Seelenheils willen (*pro remedio animae meae*) dem Kloster vermacht. Im Jahr 1111 kamen Kirche und Grundbesitz an das Kloster St. Peter (siehe auch S. 194–199). In diese Zeit fällt vermutlich der Bau der heute bestehenden Kirche.

Interessant sind die Ausführungen zum Namen Betberg in der Festschrift der Gemeinde Buggingen zum 1200-jährigen Bestehen dieses Orts. So gab es im Jahr 743 in Liftinae in Belgien eine Reformsynode, auf der verschiedene Volksbräuche, aber auch die Casuale, die sogenannten ‹Götterhüttlein›, verboten wurden. Das alemannische Wort für diese heidnischen Feld- und Waldkapellen war ‹Petabur›. Dies lässt vermuten, dass in Betberg (Patapere) bereits in vorchristlicher Zeit ein Heiligtum stand. Dem entspricht auch eine Anweisung Papst Gregors I. von 601 an die nach England geschickten Missio-

nare, dass die heidnischen Heiligtümer nicht zerstört, sondern umgewandelt werden sollten zu Stätten, «wo die zum neuen Glauben Gekommenen an den ihnen vertrauten Orten dem wahren Gott dienen konnten».
Noch ein weiterer Umstand könnte auf ein vorchristliches Heiligtum hindeuten. Nach der Überlieferung sollen in Betberg einst drei weibliche Gottheiten verehrt worden sein. Der Name Betberg (im Jahr 1111 Bettebura genannt) erinnert an

die ‹drei Bethen›, die *tres matres* oder *matronae*, die heidnischen Schicksals- und Fruchtbarkeitsgöttinnen, die man im Christentum zu den ‹drei Marien› oder ‹drei heiligen Jungfrauen› umdeutete. Letztere wurden häufig dem Pilgerzug der Heiligen Ursula zugerechnet, so etwa Einbeth, Wilbeth und Worbeth (siehe Gengenbach, S. 168–169; vgl. auch Mythische Orte am Oberrhein, Band 1, S. 14–19, 168–171 und 188–193).
Bei Grabungen im Inneren der Kirche fand man die Fundamente des romanischen Chors und ein tief liegendes Grab

mit drei Schädeln und dazu gehörenden Skelettteilen. Zudem wurde der Unterbau einer Taufanlage frei gelegt und in der Mitte der heutigen Kirche entdeckte man das ausgeplünderte Stiftergrab.

Die Betberger Kirche war Maria geweiht und vermutlich ein Wallfahrtsort; der Flurname ‹Krüzleboden› zwischen Seefelden und Betberg weist wahrscheinlich auf den früheren Kreuzweg hin. Bis 1556 stand ein Vesperbild (Marienklage) in

einer kleinen Seitenkapelle. Nach Einführung der Reformation ist diese Pietà entfernt worden; sie befindet sich heute in der katholischen Kirche von Buggingen.

Zu beachten sind die Wandmalereien der Betberger Kirche. In der Eingangshalle finden wir die Passion Christi, wahrscheinlich angelehnt an Dürers Passionsfolge von 1511. In der Abendmahlsszene wird Judas in Landsknechtkleidung dargestellt – ein Hinweis auf die vermutete Entstehung des Gemäldes zur Zeit des Bauernkriegs von 1524/25. Dasselbe gilt für die Kriegsszenen im Kircheninneren an der Westwand und auf der Empore. Dort zeigt die Türwandung zum Turm zwei alte Krieger: Rechts sehen wir einen Ritter mit Muskete und Schwert, darunter das Wappen des Klosters von St. Peter mit gekreuzten Schlüsseln und Bischofshut, und links über dem Wappen der Markgrafen von Baden-Durlach einen Landsknecht in schmucker Uniform mit wehendem Helmbusch, bewaffnet mit Hellebarde und Schwert. Hier werden also je ein Vertreter der

geistlichen und der weltlichen Macht dargestellt, gegen die sich die Bauernschaft auflehnte. Eine satirische Szene aus dieser Zeit ist an einem kleinen, runden Fenster auf der Empore zu entdecken: Eine zierliche Gestalt beugt sich aus der Öffnung und versucht, einen an der Wand hochsteigenden, mit Schwert bewaffneten Bauern heraufzuziehen, der zusätzlich von unten durch einen weiteren Kameraden gestützt wird. Sie versuchen offensichtlich, auf diesem Weg in den Turm einzudringen, dessen Tür bewacht ist, wohl in der Absicht, die Glo-

Bewaffnete Bauern versuchen in den Kirchturm einzudringen: Wandbild im Innern

cken in Bewegung zu setzen, um die Bauern der Umgebung zum Aufruhr aufzufordern.

Das wohl älteste Bild befindet sich in der Fensternische an der Südfront: es ist der heilige Laurentius mit dem glühenden Rost, auf dem er im 3. Jahrhundert unter Kaiser Valerian den Märtyrertod erlitt. Darstellungen dieses Heiligen finden sich meist in sehr alten Kirchen. In Betberg erinnert das Wandbild daran, dass die Kirche früher das Ziel von Wallfahrten zu Sankt Laurentius war.

die welt
tag
naht

Der Lebensbaum mit dem Einhorn

BISCHOFFINGEN

ANFAHRT

Bahn bis Riegel, Bus bis Haltestelle Amthofplatz Vogtsburg am Kaiserstuhl-Bischoffingen

WEG

2 Gehminuten bis zur Kirche gegenüber dem Rathaus

ÖFFNUNGSZEITEN

Kirche tagsüber meist offen, andernfalls Schlüssel im Pfarrhaus erhältlich

Im hübschen Winzerdorf Bischoffingen (heute Ortsteil der Gemeinde Vogtsburg am Kaiserstuhl) führt gegenüber dem Rathaus eine schmale Treppe durch einen Torbogen hinauf zur ummauerten St. Laurentiuskirche. Im Innern des schlichten Gotteshauses wird man von reichen Fresken überrascht.

Ein geheimnisvolles Wandbild zieht vor allem die Aufmerksamkeit auf sich: der grosse Lebensbaum im Chor auf der linken Seite des zentralen Fensters. Er verkörpert die Welt, wie ein Schriftband an seinem Fuss kundtut. Aus kräftigem Wurzelwerk wächst er empor, doch sein irdisches Dasein wird nicht ewig dauern, nagt an ihm doch der Zahn der Zeit, verkörpert durch zwei unaufhörlich knabbernde Mäuse – eine Mahnung an die Vergänglichkeit. Die weisse Maus verkörpert den Tag, die schwarze die Nacht – gemeinsam werden sie den Baum, wenn die Zeit abgelaufen ist, zu Fall bringen. Darüber springt behände ein Einhorn in die Höhe – hier offenbar Symbol für die (Todes-)Angst, wie in gotischer Schrift zu lesen ist. Ihm gegenüber ist der unheimliche Tod in Gestalt eines Ritters im Begriff, mit einem Beil Hand an den Baum zu legen.

In der Mitte des Baums steht ein vornehmer Jüngling mit einem Falken auf der rechten Hand, bereit, nach den Freuden des Lebens zu jagen und die Gefahr unter ihm kaum ahnend. Über ihm hüpft zu seiner Linken die Versuchung durch das

Böse in Gestalt eines teuflischen Wesens mit Eselsohren und gespaltenem Bocksfuss. Auf der anderen Seite zeigt sich die Stimme des Gewissens, dargestellt durch einen Engel, der mit dem Zeigefinger mahnend auf den über allem thronenden Christus weist. Dieser steht in der Baumkrone als der Gekreuzigte mit den Wundmalen und als der sieghaft Auferstandene, schützend und segnend. Er hat die Welt überwunden und ist Herr über alles. Denn an seinem Baum, dem Kreuz, entspross

der neue ‹Baum des Lebens›, der dem alten ‹Baum der Erkenntnis› gegenüber steht, da dieser durch den Sündenfall zum Baum des Todes wurde. Der Mensch hingegen steht zwischen Welt und Gott, zwischen Zeit und Ewigkeit, zwischen Bewahrung und Verführung, wie es Hermann Brommer im kleinen Kirchenführer formuliert.

Wie aber kam der Maler aus dem 14. oder 15. Jahrhundert zu dem aus dem Orient stammenden Motiv des Lebensbaums mit dem Einhorn und den beiden Mäusen? Der Dominikanermönch Jacobus de Voragine hat im 13. Jahrhundert in seiner Legenda aurea als Teil der Legende von Barlaam und Josaphat folgende Parabel vom Mann am Abgrund nacherzählt, die ihren Ursprung vermutlich in der indischen Geisteswelt hat: «Darnach hub Barlaam an, wider die betrügliche Lust und Eitelkeit dieser Welt zu sprechen und gab davon mancherlei Beispiel: ‹Die, so an der leiblichen Lust dieser Welt hangen, und ihre Seelen lassen Hungers sterben, sind gleich jenem

Manne, der mit Eilen vor einem Einhorn floh, dass er nicht von ihm werde verschlungen, und in einen tiefen Abgrund fiel. Aber da er fiel, griff er mit seinen Händen einen Strauch und fuhr mit seinen Füssen auf einen schlüpfrigen und haltlosen Grund. Aber wie er näher zusah, erblickte er zwei Mäuse, eine weisse und eine schwarze, die nagten ohne Unterlass an der Wurzel des Strauches, daran er sich hielt, und er war schon nahe daran, dass er abreissen musste. Auf dem Grunde der Höhle aber ersah er einen gräulichen Drachen, der spie Feuer, und sein offener Rachen war bereit, ihn zu verschlingen. Aus dem schlüpfrigen Grund aber, da er mit seinen Füssen stund, reckten vier Schlangen ihre Häupter. Doch da er die Augen wieder aufhub, sah er ein Tröpflein Honig von den Zweiglein des Strauchs rinnen. Da vergass er alle Fährlichkeit, davon er umgeben war, und gab sich ganz der Süssigkeit des Honigs. Das Einhorn aber bedeutet den Tod, der dem Menschen allzeit nachfolgt, ob er ihn möge ergreifen; der Abgrund bedeutet

die Welt, die ist voller Übel. Der Strauch ist unser Leben, das wird verzehrt ohne Unterlass von den Stunden des Tags und der Nacht als von schwarzen und weissen Mäusen; und nahet dem Falle. Der Grund mit den vier Schlangen, das ist der Leib, der aus vier Elementen zusammengesetzt, und sich auflöst, so dieselben in Unordnung kommen...»

Die Geschichte lässt sich auf verschlungenen Wegen zurückführen auf Buddha-Legenden aus dem 6. Jahrhundert vor Christus, die über eine griechische Version ins Abendland gelangt sind. Die Namen des Königssohnes Josaphat und des Wanderasketen Barlaam sind unschwer als Hoheitstitel Buddhas zu erkennen: Josaphat, griechisch Joasaph, entstand vermutlich aus dem Sanskrit-Ausdruck ‹Bodhisattva› (Erleuchtungswesen), und Barlaam leitet sich von ‹Bhagavan› (der Erhabene) ab. Ähnliche Parabeln finden sich im von Friedrich Rückert übersetzten indischen Epos Mahabharata, aber auch in arabischen Texten und in nordischen Mythen um den Weltenbaum Ygdrasil.

Auch unter den übrigen Wandgemälden in der heute evangelischen St. Laurentiuskirche sind viele Kostbarkeiten zu entdecken. So findet man an der zentralen Chorwand den Kirchenpatron Sankt Lauentius und den Pilgerheiligen Jakobus den Älteren mit Rucksack und Muschel am Hut (siehe auch S. 10–15). Letzterer erinnert an den Pilgerweg nach Santiago de Compostela, der auch in der Nähe von Bischoffingen vorbei führte. Ebenfalls eindrücklich sind die Darstellungen der Passion Christi, der Propheten des Alten Testaments und der lateinischen Kirchenväter.

BLANSINGEN

ANFAHRT
Bus ab Basel, Bad. Bahnhof bis Kleinkems (eingeschränkte Verkehrszeiten)

WEG
30 Gehminuten ab Bahnhof Kleinkems durch das Rebgelände

ÖFFNUNGSZEITEN
Täglich offen von Ostern bis Mitte Oktober

HINWEIS
Museum Efringen-Kirchen in der Alten Schule (Ortsgeschichte): geöffnet Mi 14–17 und So 14–17 Uhr

Die Kirche von Blansingen (Ortsteil von Efringen-Kirchen) ist gegen Osten ausgerichtet. In alle vier Himmelsrichtungen und auf die diesen innewohnenden Bedeutungen weisen ihre Wandgemälde. Man taucht hier ein in die grandiose Bilderwelt des späten Mittelalters, die ihre festen Regeln kannte.

Im Westen – gegen Sonnenuntergang – ist, wie auch in der Muttenzer Dorfkirche (siehe S. 36–41), der Ort für die Darstellung des Jüngsten Gerichts. Davon ist heute einiges verblasst, aber eindringlich droht immer noch der aufgesperrte Höllenrachen des grossäugigen Ungeheuers; dieses ragt aus einem Flammenmeer hervor und verschlingt erbarmungslos alle Bösen, unter denen auch Geistliche auszumachen sind. An der Nordwand, auf der auch Evangelienseite genannten ‹Nachtseite›, finden wir die Passion Christi und an der Südwand, der Epistelseite, die Martyrien der grossen Heiligen – Szenen aus dem Leben des früheren Kirchenpatrons Petrus und die Enthauptung des Paulus.

Die Öffnung in den Chor im Osten gilt als Pforte zum Himmelreich. Hierhin schauen in der Bogenleibung zur Rechten die Klugen und zur Linken die Törichten Jungfrauen wie aus kleinen Nischen. In den alten Fensterleibungen sind auf der Nordseite Bilder zweier heiliger Frauen erhalten geblieben: Barbara als gekrönte Fürstin mit Turm und Märtyrerpalme und Apollonia mit Zange und Zahn.

Der heilige Christophorus mit dem Christuskind auf den Schultern, der am Übergang vom Diesseits zum Jenseits angesiedelte Bewahrer vor plötzlichem Tod, hat seinen dominanten Platz – vom Sockel bis unter die Decke reichend – zwischen der bedrohlichen Abendseite und den erlösenden Martyrien. Zu seinen Füssen tummeln sich verschiedene Wassertiere: Fische, Seepferdchen und ein Hecht. Geschaffen wurden die Fresken um 1450–1464 wohl von zwei Basler Meistern. Erst

1924 wurden sie wieder entdeckt, 1953 hat man sie freigelegt und sorgfältig konserviert.

Eine Besonderheit bildet die Lage der Blansinger Kirche, steht sie doch allein in der Landschaft ausserhalb des Dorfs. Urkundlich erwähnt wird sie erstmals 1173. Bei Grabungen von 1984 und 1990 wurden hier Überreste eines kleinen römischen Steinbaus entdeckt. Jakob Wörner spricht im Buch ‹550 Jahre Markgräflerland› die Vermutung aus, es könnte sich um ein Heiligtum gehandelt haben, das später christianisiert

Höllenrachen: Fresko im Westen des Kirchenschiffs

wurde. Das Petruspatrozinium und Funde von Grabbeigaben deuten darauf hin, dass es hier möglicherweise bereits im frühen 7. Jahrhundert, also in merowingischer Zeit, eine Kirche mit Friedhof gegeben hat.

Im Dorfzentrum stand bis zur Reformation die St. Georgskapelle als Besitz des Schwarzwaldklosters St. Georgen. Umgebaut diente sie später als Rathaus und beherbergt heute das Gemeindehaus der evangelischen Kirche.

Christus wird ans Kreuz genagelt: Fresko an der Nordwand

Züem Edelman
Geschwindt gehe her dv Edelman,
r tantz hat schon gefangen an,
ir wollen tantzen ein Menuet,
as uns die Zeit und weil vergeht.
Glücg bist gewessen
streith und handel
Züem tantz dan ich
ich trage schon das

BLEIBACH
ANFAHRT
Bahn bis Bleibach
WEG
2 Gehminuten ins Dorfzentrum zur Kirche St. Georg
ÖFFNUNGSZEITEN
Kirche St. Georg mit Totentanz im Beinhaus tagsüber offen: Sommer bis 18 Uhr, Winter bis 17 Uhr

Wenige Kilometer nördlich des Drehorgelstädtchens Waldkirch liegt im Simonswäldertal das Dorf Bleibach (seit 1974 Ortsteil der Gemeinde Gutach im Breisgau), das einen noch vielfach unbekannten Schatz birgt. Im Zentrum fällt der moderne, von einer alten Friedhofsmauer umgebene Bau der katholischen Kirche ins Auge. Betritt man den Raum, so entdeckt man Relikte aus vier früheren Bauepochen (Spätgotik, Renaissance, Barock und Neugotik), die in den Neubau von 1975–1977 harmonisch integriert wurden. Besonders eindrucksvoll sind der spätgotische Chor mit herrlichem Netzgewölbe und die im Kirchenraum platzierte Figur des Kirchenpatrons, des heiligen Georg hoch zu Ross, die vom ehemaligen barocken Altar stammt. Der Bildhauer Helmut Lutz aus Breisach, der für die künstlerische Ausgestaltung verantwortlich war, hat aus dem Buntsandstein der früheren Kirche verschiedene Elemente, unter anderem das Sakramentshaus und den Zelebrationsaltar, neu geschaffen.
Unter dem Kreuzweg findet man den Eingang zur Beinhauskapelle. Sie ist von einem hölzernen Tonnengewölbe überdeckt, auf dem als umlaufendes Band ein in vierunddreissig Bildern abgehandelter Totentanz aus dem Jahr 1723 zu sehen ist.
Ein Fresko an der Wand des Beinhauses zeigt ausserdem eine Sterbeszene aus dem früheren Landleben: Ein Familienvater liegt auf dem Totenbett, umringt von Frau, Kindern und Pfarrer. Aus seinem Körper schwebt das ‹Seelchen› dem hoch oben

Der Tod und der Edelmann

thronenden Christus entgegen. Ein Schutzengel zur Linken liest aus dem Buch des Lebens die guten Werke des Sterbenden vor, während auf der anderen Seite ein Teufel aus dem Buch der Schulden dessen Sünden vorrechnet. Doch Maria scheint als Fürsprecherin die arme Seele ihrem Sohn ans Herz zu legen.

Ein Mitglied des Waldkircher Stiftes, in das die Bleibacher Pfarrei bis 1792 inkorporiert war, hat wohl den Auftrag zum Totentanzzyklus gegeben. Vermutlich handelte es sich um

den Bäckerssohn Johann Martin Schill, der von 1715 bis 1728 in Bleibach als Stiftskaplan seelsorgerisch tätig war. Von wem die Gemälde stammen, ist nicht bekannt, doch werden sie allgemein Johann Jakob Winter von Waldkirch zugeschrieben. Dem Auftraggeber und dem Maler müssen die Totentänze sowohl von Bern als auch von Basel bekannt gewesen sein, denn Kaufmann, Koch, Bauer, Tagelöhner, Spielmann und blinder Mann lehnen sich an diese Vorbilder an. Einzig die Gewänder sind der damaligen Mode angepasst und es fehlt den Bildern der sonst übliche Hintergrund. Mit auffordernden Gesten nähert sich der Sensenmann den Todgeweihten, die nach den Ständen der damaligen Zeit im Reigen angeordnet sind; über dem Ganzen spielt eine aus sechs Gerippen bestehende Kapelle mit makabren Instrumenten die Weise vom Tod.

Auf schwarzen Spruchbändern sind in weisser Schrift vierzeilige Verse zu lesen, welche in barocker Sprache die dramatisch gestalteten Szenen kommentieren. Sie sind 1722 wahrscheinlich von einem österreichischen Adligen mit Namen von Scherer verfasst worden. Dieser wurde, nachdem er zum katholischen Glauben konvertiert hatte, von seiner Familie verstossen und suchte im damals vorderösterreichischen Freiburg Zuflucht. Als Student unterrichtete er an der Dorfschule von Bleibach und soll damals die Texte für den Totentanz geschrieben haben.

Zu allen Zeiten und bei allen Völkern hat sich der Mensch mit dem Problem des Todes beschäftigt und versucht, seine Ängste durch Magie und Kult, Religion und Kunst zu bewältigen. Diese Manifestationen sind in einem ständigen Wandel begriffen und somit je nach Kultur und Zeitalter unterschiedlich. Totentanzbilder gab es im späten Mittelalter, ausgehend von Frankreich, in ganz Europa, doch sind die meisten heute verschwunden. Ihnen voraus gingen literarische Werke, die an den Tod mahnten und Busse predigten zur Vorbereitung auf die Stunde des Jüngsten Gerichts. Mit der Verbreitung der ‹Legende von den drei Lebenden und den drei Toten› setzte im 12. Jahrhundert die bildliche Illustration dieses Themas ein. Solche Darstellungen gab es mehrfach in unserer Region; im Beinhaus der Kirche von Muttenz bei Basel (siehe S. 41) oder in der evangelischen Kirche von Badenweiler sind entsprechende Fresken erhalten geblieben.

Der berühmte Basler Totentanz ist um 1440 zur Zeit des Konzils entstanden, wahrscheinlich unter dem Eindruck einer verheerenden Pestepidemie. Der Maler ist bis heute unbekannt geblieben. Aus ganz Europa kamen die Menschen herbei, um dieses bekannte Werk an der Friedhofsmauer des Predigerklosters zu besehen. Ein von Huldrich Frölich 1588 zusammengestelltes Büchlein zu den Totentänzen von Basel und von Bern, das zwar die originalen Verse wiedergibt, jedoch mit Kopien der Holzschnittfolge ‹Imagines mortis› von Hans Holbein dem Jüngeren illustriert ist, führte zur irrigen An-

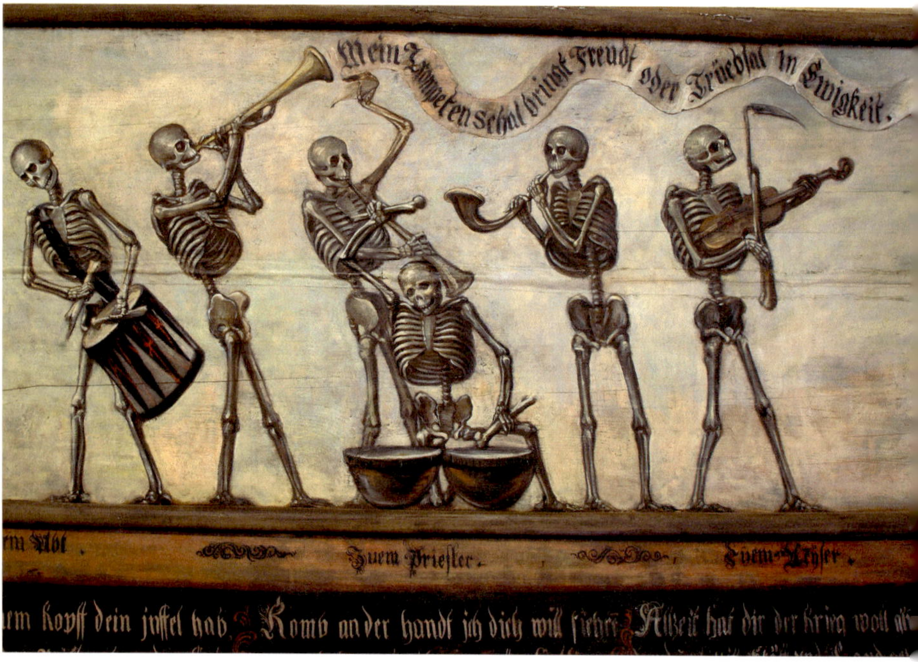

nahme, dieser sei auch der Urheber des Wandgemäldes. 1621 kopierte Matthäus Merian der Ältere den Basler Totenreigen in weit verbreiteten Kupferstichen. Diese dienten wohl dem Bleibacher Maler als Vorlage für sein Werk. 1703 wurde der Basler Totentanz (eine freie Nachbildung davon gab es auch im Kreuzgang des Klingentalklosters in Kleinbasel) zum letzten Mal restauriert. Im Zeitalter der Aufklärung jedoch wurde die Mauer mit dem Bildzyklus vernachlässigt und schliesslich 1805 in einer Nacht- und Nebelaktion abgerissen.

Knochenmänner spielen auf zum letzten Tanz

Bruchstücke davon befinden sich heute im Historischen Museum Basel.

Mit der Romantik setzte ein neues Interesse am alten Thema ein. So wurde die Freiburger Friedhofskapelle 1887 mit einem Totentanzgemälde ausgestattet, das 1963 von Wolfram Köberl übermalt wurde. Ein weiterer Totentanzzyklus aus dem ausgehenden 19. Jahrhundert findet sich in der Maria-Schnee-Kapelle beim Friedhof von Rheinfelden-Herten.

Die heilige Ursula in der ‹Pestkapelle›

BÖTZINGEN

ANFAHRT
Bahn bis Bötzingen am Kaiserstuhl

WEG
10 Gehminuten die Bergstrasse hinauf bis Ortsteil Oberschaffhausen

ÖFFNUNGSZEITEN
St. Albanskapelle an Sonn- und Feiertagen offen, Schlüssel bei Familie Hunn, Bergstrasse 87

HINWEIS
Weinlehrpfad und Rundwanderweg: 5 km, ca. 2½ Std. (Hinweistafeln am Rathaus)

Ursula mit Begleiterinnen auf dem Rhein: Fresko an der Ostwand

Geht man vom Bahnhof Bötzingen die Bergstrasse hinauf in Richtung Oberbergen, trifft man im Ortsteil Oberschaffhausen an der rechten Strassenseite auf ein kulturhistorisches Kleinod: die spätgotische St. Albanskapelle. Über dem Portal steht Sankt Alban in Stein gemeisselt, sein Haupt vor sich hertragend. Der Märtyrer, der nach der Legende 406 als Priester in Mainz von den Vandalen ermordet wurde, soll nämlich seinen Kopf eigenhändig zur Begräbnisstätte getragen haben.

Bötzingen war in den Jahren 1471 bis 1474 besonders schwer von der im ganzen Breisgau wütenden Pest betroffen. In Ihrer Verzweiflung legten die Menschen das Gelübde ab, zu Ehren der Allerheiligsten Dreifaltigkeit und des Pestheiligen Sankt Alban eine Kapelle zu errichten, wenn sie vor noch grösserem Schaden durch die Seuche verschont blieben. 1481 war die ‹Pestkapelle› erstellt und kurze Zeit später entstanden die eindrücklichen Wandmalereien. Aus dieser Zeit stammt auch das am Hauptaltar aufgerichtete, eindrückliche ‹Pestkreuz› in Lebensgrösse.

Im Zuge der Reformation spalteten sich 1556 die Gläubigen der Gemeinden Bötzingen und Oberschaffhausen in Katholiken und Protestanten. Die Pfarrkirche St. Lorenz und die St. Albanskapelle standen auf vorderösterreichischem, also katholischem Boden, sodass ihre Ausstattung erhalten blieb. Allerdings wurden die Wandmalereien später übertüncht

und sind erst bei den Renovierungen von 1961 bis 1965 wieder entdeckt worden. Seit 1838 bilden Oberschaffhausen und Bötzingen eine einzige Gemeinde.
Betritt man die Kapelle, so findet man an der Westwand, der ‹Abendseite›, die bösen Geister, unter denen eine Art Narrenfigur auszumachen ist, galt doch der Narr im Mittelalter als Gottesleugner. An der Decke im Chor thront Christus, umgeben von den Evangelistensymbolen, und an der linken Chorwand ist die Krönung Mariens mit musizierenden Engeln dargestellt. Die Bilder über dem linken Seiteneingang und neben dem linken Seitenaltar führen Szenen aus der Vita des heiligen Alban vor.
Über dem Chorbogen schiessen Pestengel beziehungsweise Dämonen Pfeile ab – Symbole für die Erreger der Pest – und weiter unten sitzt die heilige Ursula mit ihren Begleiterinnen in einem kleinen Boot, bedroht von dunklen Bogenschützen. Es wäre interessant zu erfahren, wie dieses Bildmotiv nach Bötzingen gekommen ist. In Basel ist Ursula eine der bekanntesten und beliebtesten ‹historischen› Frauengestalten – und das in einer reformierten Stadt. Dank dem Elftausendjungferngässlein, das vom Rheinsprung zur Martinskirche hinauf führt, wird dort die Erinnerung an ihre Legende wachgehalten. Nach der Legendensammlung des Jacobus de Voragine aus dem 13. Jahrhundert war sie die Tochter eines bretonischen Königs, die auf der Rückkreise von einer Pilgerfahrt nach Rom mit ihren zehn Gefährtinnen (daraus wurden später wohl durch einen Lesefehler elftausend Jungfrauen) im Jahr 383 bei Köln von den Hunnen umgebracht wurde. Im Lauf der Jahrhunderte hat sich die Geschichte immer weiter entwickelt und ist durch fantastische Zutaten bereichert worden. Eine geschichtliche Grundlage ergibt sich allerdings durch eine frühchristliche Inschrift aus dem 4. oder 5. Jahrhundert in der Grabkirche St. Ursula zu Köln; sie besagt, dass Clematius

eine Basilika wieder aufbauen liess an der Stelle, «wo die heiligen Jungfrauen für den Namen Christi ihr Blut vergossen haben». Die Echtheit dieser Inschrift ist allerdings umstritten. Nach der regionalen Überlieferung hätten sich einige von Ursulas Begleiterinnen bei Basel abgesetzt und sich als Klausnerinnen auf den drei Hügeln rund um die Stadt niedergelassen (St. Margaretha, St. Chrischona und St. Ottilia). Auch die drei Jungfrauen von Eichsel hoch über Rheinfelden/

Baden – Wibrandis, Kunigundis und Mechtundis – sollen sich vor der Rückkehr abgesetzt haben (siehe Mythische Orte am Oberrhein, Band 1, S. 15–19 und 189–193).

St. Albanskapelle am Rand von Bötzingen

Das Feuerrad in der Winternacht

BUCHENBACH

ANFAHRT

Bahn bis Kirchzarten, Bus bis Haltestelle Buchenbach Rathaus

WEG

Ab Rathaus 10 Gehminuten auf dem Kreuzweg zur Bergkapelle auf dem ‹Schibebuck›

HINWEIS

Scheibenfeuer mit Feuerrad am Samstag nach Aschermittwoch nach dem Eindunkeln

Start des Feuerrades

Am Funkensonntag (Sonntag nach Aschermittwoch) lodern auf den Anhöhen vieler Orte der Dreiländerregion die traditionellen Fasnachtsfeuer – die ursprünglich kultische Seite des Anlasses ist jedoch weitgehend in Vergessenheit geraten. Das ist anders in Buchenbach bei Kirchzarten, am unteren Ende des Höllentals, wo der Brauch seinen religiösen Gehalt bis heute bewahrt hat. Das Feuer wird hier, wie auch an einzelnen anderen Orten, bereits am Samstagabend entzündet.

Nach dem Abendläuten der Dorfkirche zieht die Bevölkerung in Scharen hinauf auf den ‹Schibebuck›, den kleinen Hügel mit der Marienkapelle, der früher Winterberg hiess. Seitdem 1889 der Kreuzweg und später die Kapelle errichtet wurden, nennt man ihn auch ‹Kreuzberg›.

Auf der Anhöhe entfachen ‹d'Schibebuebe›, die jungen Männer des Dorfs, frühzeitig das Vorfeuer. Sie tragen alle Hüte und rote Halstücher sowie Scheibenkränze um den Nacken, nehmen in die rechte Hand eine brennende Fackel und in die linke den ‹Schibestock› mit einer aufgesteckten, quadratischen Buchenholzscheibe. So schreiten sie hintereinander in die Bergkapelle, um das Glaubensbekenntnis zu sprechen und der Verstorbenen zu gedenken. Anschliessend umrunden sie mit ihren Fackeln betend den mächtigen Holzstoss, auf dem hoch oben eine Strohpuppe hängt, und setzen ihn in Brand. Der von den Burschen gewählte ‹Schibevatter› widmet dann die erste, ‹kalte› Scheibe der Heiligen Dreifaltigkeit: «Schibi, Schibo! Wem soll die Schibe goo? Die Schibe soll der Heiligste Dreifaltigkeit goo!» Inzwischen haben die anderen Burschen ihre Scheiben so lange ins Feuer gehalten, bis die dünnen Ränder glühen. Mit grossem Geschick schlagen sie die glühenden Rädchen über den Scheibenbock, sodass diese Funken stiebend in weitem Bogen in die Nacht hinaus schwirren. Zahlreiche Einwohnerinnen und Einwohner des Dorfs werden dabei

mit einer Scheibe und einem persönlichen, manchmal auch spöttischen Spruch bedacht: der Bürgermeister, der Lehrer, ganze Familien und natürlich die jungen Mädchen des Dorfs. Nicht vergessen werden die zahlreichen Gemeinschaften, von der Winzergenossenschaft bis zur Trachtengruppe, aber auch die Arbeitskollegen und Freunde. Schliesslich werden auch alle anderen Anwesenden beglückt und sogar diejenigen, «die von weit her angereist sind». Zuallerletzt folgt noch eine Scheibe für jene, «die keine kriegt hen». Und dann folgt der Höhepunkt des Abends: Das mächtige, mit Stroh umwickelte Feuerrad wird mit Benzin übergossen und angezündet. Wie eine strahlende Sonne saust es hinunter in die Tiefe und andächtig schaut die Menge der Zuschauer der entschwindenden Lichtgestalt nach.

Die älteste Nachricht über das Scheibenschlagen stammt aus dem Kloster Lorsch bei Mannheim, das am 21. März 1090 durch eine glühende Feuerscheibe in Brand gesetzt wurde.

Aber auch in den früher noch weniger dicht besiedelten Städten war der Brauch noch lange Zeit üblich. So soll es zum Beispiel im alten Basel auf der Pfalz beim Münster immer wieder Fasnachtsfeuer mit Fackelläufen und Scheibenschlagen gegeben haben.

Scheibenschlagen am Vorabend des Funkensonntags

Die rätselhafte Notburga mit ihren neun Kindlein

BÜHL IM KLETTGAU

ANFAHRT

Bahn bis Erzingen (Baden), Bus bis Klettgau-Bühl

WEG

Hinter der Säge Wegweiser zur Notburgaquelle (10 Gehminuten bergauf)

ÖFFNUNGSZEITEN

Kirche tagsüber meist offen, sonst im Nachbarhaus (ehem. Pfarrhaus) nachfragen

Im kleinen Dorf Bühl im Klettgau – zwischen Waldshut und Schaffhausen – steht die barocke Kirche auf einem denkwürdigen Platz: Sie ist auf einen Fels gebaut, unter dem der Schwarzbach fliesst. Tritt man ein, so wird man überrascht von der eigenartigen Skulptur der Kirchenpatronin, der heiligen Notburga. Die auf dem Altar sitzende Frau mit Krone – sie ist 1718 von Josef Auer geschaffen worden – trägt in jedem Arm vier Kindlein, und ein weiteres liegt tot zu ihren Füssen. Sie ist die Patronin des Kindersegens und der Mehrlingsgeburten sowie Helferin bei Geburtsschmerzen. Die Statue soll früher mitsamt den geschnitzten, herausnehmbaren Kindern bei Geburten von der Kapelle in das Haus der Gebärenden gebracht worden sein, um diesen Schutz zu gewähren.

Im Mittelgang vor dem Chor entdeckt man ein steinernes Grabmal mit folgender Inschrift: «Grabstätte der hl. Notburga aus schottischem Königsgeschlecht, Patronin des Klettgaus, verstorben am 26.01.840». Nach dem Bericht des Julius Wilhelm (Geschichte der Pfarrei Bühl, Freiburger Diözesan-Archiv, Band 39) wurde das Grab im Jahr 1830 geöffnet. Es war angeblich leer; Reliquien fanden sich keine.

Nach der christlichen Überlieferung wurde Notburga um 796 als schottische Königstochter in Edinburgh geboren, wo sie bereits in jungen Jahren als Wohltäterin der Armen aufgefallen sei. Dies berichtet Hubert Roth, der frühere Bürgermeister des Orts, dessen Forschungsergebnisse zu dieser Frauengestalt im Internet unter www.klettgau-historia.de zu finden sind. 814 habe sie den Thron von Schottland bestiegen und sich 818 mit dem Herzog Alpoin vermählt. Ihr Mann sei kurz darauf ermordet worden, und sie sei – inzwischen schwanger – geflohen und gemeinsam mit iroschottischen Missionaren über Ostende, Aachen und Mainz nach Säckingen und schliesslich in den Klettgau nach Bühl gelangt. Dort habe sie eine Klause bewohnt, in deren Kellergewölbe sie eine Quelle erweckt haben soll. Alsbald habe sie neun Kinder geboren, von denen eines schon bei der Geburt tot gewesen sei. Mit einem Stab habe sie in einem Fels eine weitere Quelle eröffnet, in deren Wasser sie ihre Kinder taufte. Später liess sie eine Herberge für Fremde, eine Schule und eine Kapelle bauen. Letztere sei 832 vom Bischof von Konstanz geweiht worden, als er zur Firmung der acht verbliebenen Kinder Notburgas nach Bühl kam. Die Heilige starb im Jahr 840 und wurde nach der Legende in der von ihr erbauten Kapelle bestattet. Die erste schriftliche Erwähnung dieser Sage stammt aber erst aus dem Jahr 1440.

Historisch lässt sich diese Überlieferung mit der schottischen Geschichtsschreibung nicht in Einklang bringen, und es ist kaum vorstellbar, dass es auf der Felsenkuppe, wo die Klause der Heiligen gestanden habe, eine Quelle gab. Am gegenüberliegenden Hang befindet sich allerdings eine Quellfassung, die von den Einwohnern Bühls als ‹Notburgaquelle› bezeichnet und aufgesucht wird.

Hubert Roth hält es für denkbar, dass die Legende der heiligen Notburga in einem Zusammenhang steht mit der Gründung des für den Klettgau zuständigen Klosters Rheinau (siehe S. 42–45). Zwei der acht Kinder der Notburga sollen nämlich in Zusammenarbeit mit dem Kloster Rheinau missionierend tätig gewesen sein, ein Sohn im Raum von Eglisau

(Eglisius?) und eine Tochter namens Hixta im Raum Jestetten; diese wird dort ebenfalls als Heilige verehrt.
Während Jahrhunderten pilgerten die Menschen besonders in Notzeiten zum Grab der heiligen Notburga. Vor rund hundert Jahren wurden mit einem Volksfest verbundene Wallfahrtstage eingerichtet, die grossen Anklang fanden; so sollen sich allein im Jahr 1933 achthundert Frauen hier eingefunden haben. Nach dem Zweiten Weltkrieg ging jedoch die Teilnehmer-

zahl zurück. Heute wird die Wallfahrt von der Pfarrgemeinde Bühl betreut; sie findet am letzten Sonntag im September statt. Verehrt wird Notburga unter anderem auch in Wettingen und in Menzingen. Bedenkenswert ist die Vermutung von Hubert Roth, die Heilige könnte in der Nachfolge einer vorchristlichen Göttin stehen, die bei der Christianisierung in das neue Glaubenssystem integriert wurde.

Die Quellgrotte in der St. Ottilienkapelle

FREIBURG IM BREISGAU

ANFAHRT
Ab Bahnhof Freiburg i. Br. Strassenbahn oder Bus bis Schwabentor

WEG
Hinter dem Schwabentor 1 Std. zu Fuss durch die Kartäuserstrasse und den Kreuzweg hinauf zur Ottilienkapelle mit Quelle

ÖFFNUNGSZEITEN
Kapelle täglich ab 9 Uhr offen
Waldrestaurant St. Ottilien, Kartäuserstrasse 135: April bis Dezember täglich geöffnet ab 12 Uhr, So ab 10 Uhr / Januar bis März Mi–So ab 10 Uhr / Parkplätze vorhanden

HINWEIS
Augustinermuseum am Augustinerplatz: geöffnet Di–So 10–17 Uhr (zum Teil im Umbau, Neueröffnung 2009)

Ehemaliges Küsterhaus der Wallfahrtskapelle und heutiges Waldrestaurant

Hinter dem Freiburger Schlossberg liegt, verborgen im Ottilienwald, ein altes Quellheiligtum: die Wallfahrtskirche St. Ottilien mit Quellgrotte und Pilgergaststätte. Von der Kartäuserstrasse zweigt ein Kreuzweg ab, auf dem man in rund einstündigem Spaziergang bergaufwärts die Waldlichtung erreicht.

Nach der Legende soll hier die heilige Odilia (auch Ottilie genannt) hier Zuflucht gefunden haben (siehe auch Mythische Orte am Oberrhein, Band 1, S. 129–131). Sie war die um das Jahr 660 blind geborene Tochter des elsässischen Herzogs Eticho (Adalricus). Der Vater wollte sie angeblich töten lassen, doch rettete die Mutter Bereswinde das Kind, indem sie es in ein Kloster im Burgund bringen liess. Dort soll Odilia bei der Taufe das Augenlicht erhalten haben. Da der Vater sie gegen ihren Willen standesgemäss verheiraten wollte, floh sie über den Rhein. Eine Felsenhöhle im Musbachtal bei Freiburg soll sie aufgenommen und vor ihren Verfolgern beschützt haben. Als die Gerettete das Versteck verliess, entsprang dem Felsen eine Quelle, der Heilkraft für kranke Augen zugesprochen wird. Der besänftigte Eticho schenkte nun seiner Tochter die Hohenburg im Elsass (heute Odilienberg) zur Gründung eines Klosters, wo sie bis zu ihrem Tod als Äbtissin wirkte. Am Ort ihrer Rettung soll schon von Odilia eine kleine Kapelle errichtet worden sein. Urkundlich genannt wird sie erstmals 1428. Die heutige Wallfahrtskirche wurde 1503 errichtet und in den

Jahren 1646 und 1714 erneuert; dabei bezog man auch die Ottilienquelle durch einen Kapellenanbau im Westen ein. Als im Zeitalter des Josephinismus die Wallfahrt 1788 und abermals 1806/07 aufgehoben werden sollte, konnten dies Bürger und Rat der Stadt Freiburg dank des grossen Zulaufs verhindern. Durch eine Pforte an der Rückwand des Kirchenschiffs steigt man eine lange Treppe zur Quellgrotte hinab. Im Schein flackernder Kerzen steht die heilige Odilia über der Quellfassung

in einer künstlichen Felsenlandschaft – ein 1780 geschaffenes Bildwerk von Franz Anton Xaver Hauser; der still fliessende Brunnen lädt zum Benetzen der Augen ein. Die früher zahlreich vorhandenen Augenvotive und andere Weihegaben sind leider verschwunden. Die Reliquien der heiligen Odilia, die hier schon 1512 dokumentiert sind, werden in einer barocken Reliquienmonstranz aufbewahrt.

Bei der umfassenden Restaurierung der Kirche in den Jahren 1966/67 konnten wertvolle gotische und barocke Fresken freigelegt werden. Im Chorraum ist die nachträglich geschaffene flache Stuckdecke mit Malereien von 1728 versehen, während im vorderen Teil des Langhauses noch Fresken aus der Bauzeit von 1503–1505 erhalten geblieben sind. Es handelt sich unter anderem um Szenen aus dem Leben der drei Hauptpatrone der Kirche: Odilia, Patronin des Augenlichts, Lucia, auch ‹die Leuchtende› genannt, und Jodokus, Patron der Pilger. Alle drei sind auch auf dem barocken Hochaltar dargestellt. Eine Reliquienbüste der heiligen Odilia von 1669 auf der linken Seite des Chorbogens zeigt die Heilige mit ihren Attributen Kelch, Buch der Weisheit und darauf liegenden Augäpfeln. Auf dem linken Seitenaltar ist Sankt Wendelin dargestellt; diesem wurde 1895 ganz in der Nähe (siehe Wegweiser am Waldrand) eine kleine Kapelle geweiht, die auf ältere Bauten zurückgeht.

Schon im 15. Jahrhundert ist im Musbachtal von der Ottilien-Wallfahrt die Rede und sie soll laufend zugenommen haben – Menschen aus dem Elsass, der Schweiz und aus ganz Baden fanden sich hier ein. Betreut wurde der Wallfahrtsbetrieb 1515–1821 vom Freiburger Kapuzinerkonvent, später vom Heiliggeist-Spital und heute vom Dompfarramt. Das Hauptfest wird am Gedächtnistag der Heiligen, dem 13. Dezember, gefeiert; am gleichen Tag wird auch das Fest der heiligen Lucia begangen.

Nach der Überlieferung soll Odilia auf ihrer Flucht auch bei Feldkirch unweit von Bad Krozingen vorbei gekommen sein. Dort ist an der Westseite des Dorfs 1863 eine Kapelle errichtet worden, die der heiligen Odilia geweiht ist. In deren Nähe steht ein ungefähr ein Meter hoher Stein, in dem es eine Vertiefung gibt. Nach der Sage soll die Heilige, als sie aus dem Elsass flüchtete, auf diesem Stein geruht haben.

Einbethenkapelle und Kräuterbüschelfest

GENGENBACH

ANFAHRT
Bahn über Offenburg bis Gengenbach

WEG
Vom Rathaus her durchs Obere Tor (Wegweiser) 15 Gehminuten zur ‹Berglekapelle›

ÖFFNUNGSZEITEN
‹Berglekapelle› tagsüber offen

HINWEISE
Kräuterbüschelweihe am 15. August um 9.00 Uhr im Festgottesdienst, Prämierung um 10.30 Uhr auf dem Marktplatz
Narrenmuseum im Niggelturm: geöffnet April bis Oktober Mi und Sa 14–17 Uhr, So 10–12 und 14–17 Uhr

Kräuterbüschelfest an Mariä Himmelfahrt

Das ‹Schwarzwald-Städtle› Gengenbach in der Ortenau lädt mit seinen schmucken Fachwerkhäusern, den Türmen und Toren und der ehemaligen Benediktinerabtei zum Flanieren und Verweilen ein. Verlässt man die Altstadt vom Rathaus her durch das Obere Tor, macht ein Wegweiser aufmerksam auf die ‹Berglekapelle› auf dem Kastelberg – ein Aussichtspunkt inmitten von Rebhängen. Von der Schwedenstrasse aus erreicht man das kleine Gotteshaus auf dem alten Wallfahrtsweg in einer guten Viertelstunde und wird oben belohnt mit einem herrlichen Blick auf die Altstadt und einer Rundsicht bis weit hinein ins Kinzigtal und bei gutem Wetter über den Rhein bis zum Turm des Strassburger Münsters.

Der Name Kastelberg (‹Bergle›) erinnert an ein *castellum,* ein befestigtes Militärlager der Römer. Bei der Planung der Römerstrasse durch das Kinzigtal von Strassburg bis Rottweil am Neckar spielte offenbar auch das ‹Bergle› eine Rolle. Dies zeigen das Fragment einer Jupitersäule und der Votivstein eines Baebius und seiner Söhne, der im Badischen Landesmuseum in Karlsruhe aufbewahrt wird, sowie römische Münzfunde, die man in der ganzen Umgebung gemacht hat. Zu Füssen des ‹Bergle› haben sich später Alemannen und Franken (Kirche St. Martin) niedergelassen.

Gemäss einer alten Urkunde liess die im 8. Jahrhundert gegründete Benediktinerabtei Gengenbach «auf dem sogenannt und dem Gotteshaus eigentumlich zugehörigen Einbethenberg im Anfang des 13. Saeculum eine Kapelle zur Ehre des Apostels Jakob erbauen und nebenhin auf dem Platz, wo der heidnische Altar stund, ein Grab des Erlösers mit einer kleinen Kapelle, um die Gedächtnus des Götzentums auszulöschen». Die Kapellenweihe fand 1294 statt; 1681/82 entstand im Auftrag des Abtes Placidus Thalmann ein Neubau, der Jakobus dem Älteren, Apollinaris, Perpetua und Felicitas geweiht wurde.

Bemerkenswert ist die Aussenkanzel von 1747, von der aus die Masse der Pilger angesprochen werden konnte.

Der überlieferte Name ‹Einbethenberg› lässt hier eine frühere Frauenkultstätte vermuten. Die ‹drei heiligen Bethen›, auch ‹drei heilige Jungfrauen› genannt, kommen in vielen Varianten vor und weisen in ihrer Trinität möglicherweise auf vorchristliche Vorstellungen hin. Man findet in der Literatur eine Vielzahl von Theorien, die von einer matriarchalen Kultur in vorindoeuropäischer Zeit in Alteuropa ausgehen. Im Christen-

Prämierung der Kräuterbüschel auf dem Marktplatz

tum wurden die urtümlichen Schicksals- und Fruchtbarkeitsgöttinen, die *tres matres* oder *matronae*, zu ‹drei Marien› oder ‹drei heiligen Jungfrauen› umgewandelt; diese erscheinen unter diversen Namen, ohne jedoch Eingang in die offizielle kirchliche Heiligenliste zu finden. In der Überlieferung werden solche Frauen-Dreiheiten zum Teil auch dem Pilgerzug der Heiligen Ursula zugesellt, wie beispielsweise Einbeth, Wilbeth und Worbeth, deren Reliquien in Strassburg aufbewahrt werden (siehe Mythische Orte am Oberrhein, Band 1, S. 170–171). Einbeth kommt als einzige dieser drei ‹Heiligen› auch einzeln vor, so auch in der Überlieferung in Gengenbach.

Im Chorraum der ‹Berglekapelle› findet man die Statuen der Patrone Jakobus – ein Hinweis auf die mittelalterlichen Jakobspilger – und Apollinaris. In den Nischen der Chorbogenwand sind Statuen der Anna und des heiligen Joseph eingelassen. Besonders reizvoll ist der kleine Barockaltar, der 1720 für das Gnadenbild der Schmerzensmutter aus der ersten Hälfte des 14. Jahrhunderts geschaffen wurde. Die oben erwähnte angebaute Heilig-Grab-Kapelle birgt einen Leichnam Christi, der durch ein Fenster einsehbar ist; die Holzskulptur wurde um 1716 von Daniel Muckhensturm geschnitzt, der aus Basel stammte und sich später in Schlettstadt (Sélestat) niederliess.

Besonders reizvoll ist ein Besuch in Gengenbach am Fest Mariä Himmelfahrt am 15. August, wenn die Frauen aus der ganzen Umgebung ihre farbigen ‹Kritterbuschel› (Kräuterbüschel) während des Gottesdienstes in der Marienkirche weihen lassen und anschliessend um 10.30 Uhr zur Prämierung auf den Marktplatz kommen. Über fünfundzwanzig Heil- und Küchenkräuter sind in den prächtigen Biedermeiersträussen enthalten. Der Brauch ist allgemein seit dem 10. Jahrhundert nachweisbar und knüpft vermutlich an einen vorchristlichen Ritus an.

HASLACH IM KINZIGTAL

ANFAHRT
Bahn bis Haslach im Kinzigtal

WEG
8 Gehminuten zur Tourist-Information am Klosterplatz, dort Wegweiser ‹Hansjakobweg› folgen: 45 Gehminuten durch die Rotkreuzstrasse zum Kreuzweg und hinauf zum Heiligen Brunnen

ÖFFNUNGSZEITEN
Das Gelände ist jederzeit zugänglich

HINWEISE
Hansjakob-Museum: Hansjakobstrasse 17: geöffnet Mi 10–12 und 15–17 Uhr, Fr 15–17 Uhr, April bis Oktober auch So 10–17 Uhr
Schwarzwälder Trachtenmuseum im Alten Kapuzinerkloster: geöffnet April bis Mitte Oktober Di–Sa 9–17 Uhr, So 10–17 Uhr, Mitte Oktober bis Ende März Di–Fr 9–12 und 13–17 Uhr

Kreuze in der Lourdesgrotte beim ‹Kindlesbrunnen›

Steil bergan durch den Wald führt der Kreuzweg zu einem geheimnisvollen, von Legenden umrankten Ort, der schon auf Karten des 18. Jahrhunderts als ‹Heiligendobel› bezeichnet wird. Die Überraschung ist gross, wenn die kleine Rudolfskapelle auftaucht und daneben eine sprudelnde Quelle, deren Wasser aus einem Bildstock fliesst. Man weiss heute, dass das kühle Nass aus der Öffnung eines ehemaligen Bergwerkstollens gleich oberhalb des Brunnens stammt. In der kleinen Höhle hat man eine Lourdesgrotte eingerichtet, und mit Staunen entdeckt man darin eine grosse Zahl von kleinen, aus Ästen gebundenen Holzkreuzen.

Über dem Eingang der Kapelle berichtet ein Bild von einer Bluttat, die sich nach der Überlieferung hier oben im Dreissigjährigen Krieg zugetragen und zur Erweckung der Quelle geführt haben soll. Ein junger Mann mit Namen Rudolfus aus dem nahen Elsass – Haslach und Teile des Kinzigtals gehörten damals zum Bistum Strassburg – soll hier in einer Klause ein gottesfürchtiges Leben geführt haben. Einem Metzgergesellen, der in einem Räubernest unweit vom Gschweiloch gehaust haben soll, war das ein Dorn im Auge, «weil ihn das heiligmässige Leben des Einsiedlers ärgerte und sein eigenes, wüstes und sündhaftes Leben hervorkehrte», heisst es in einem Bericht. Als Rudolfus ins Abendgebet vertieft war, soll ihn der Metzgerbursche von hinten mit einem Dolch erstochen haben. An der Stelle aber, «wo die Erde sein unschuldiges Blut trank», soll die silberhelle Quelle hervorgesprudelt sein, die heute noch den ‹Heiligen Brunnen› speist. Der Mörder aber wurde auf dem Galgenbühl bei Haslach hingerichtet.

Im Depot des städtischen Museums befindet sich jene auf Holz gemalte Darstellung der Ermordung, die früher im Bildstock des Brunnens stand. Der Mörder ist darauf nicht mehr zu erkennen; Wallfahrer haben ihn auf dem Bild, wie man berichtet, wütend mit ihrem Messer ‹erstochen›.

Im Volksmund wird der Heilige Brunnen auch ‹Kindlesbrunnen› genannt, denn seit alters kommen Kinder hierher, um über der Brunnenstube ein kleines Holzkreuz in das Erdreich zu stecken mit dem Wunsch nach einem Brüderchen oder Schwesterchen. Seit Errichtung der Grotte stecken die Kreuzchen jetzt zu Füssen der Muttergottes. Der Haslacher Schriftsteller und Pfarrer Heinrich Hansjakob erzählt 1880 in seinen Erinnerungen aus der Jugendzeit, dass es damals hiess, die kleinen Kinder kämen aus dem Heiligen Brunnen: «Wie oft

Die Ermordung des Einsiedlers Rudolfus: Tafel aus dem Bildstock, heute im Museum

lagen wir, einer nach dem andern, unter dem kleinen Mauerloch und schauten in das stille schwarze Wasser hinab, um einmal so ein kleines Menschenkind darin zu entdecken!»

In der Karwoche begeht die Bevölkerung betend den Kreuzweg. Das ganze Jahr über kommen Wanderer und wählen von hier aus gerne den Weg zur ‹Sandhaasenhütte› des verstorbenen Kunstmalers Carl Sandhaas mit herrlichem Ausblick über das Kinzigtal bis zur Burg Hohengeroldseck.

Bildstock und heilige Quelle

Die heilige Erentrudis auf dem Kapellenberg

MUNZINGEN

ANFAHRT

Bahn bis Freiburg i. Br., Strassenbahn und Bus bis Endstation Windhäuslestrasse

WEG

Entlang der Windhäuslestrasse 1,5 km bis zur St. Erentrudis-Kapelle

ÖFFNUNGSZEITEN

Kapelle nur bei Anlässen offen

Alle Jahre wird am Erentrudistag am 30. Juni beziehungsweise am Sonntag danach auf dem 271 Meter hohen Kapellenberg das ‹Munzinger Käppelefescht› gefeiert mit Festgottesdienst, Musik und Bewirtung. Aber auch an ruhigen Tagen lohnt sich der kurze Aufstieg zur St. Erentrudiskapelle, dem Wahrzeichen von Munzingen am Tuniberg (heute Stadtteil von Freiburg im Breisgau), wird man doch an diesem schon in prähistorischer Zeit besiedelten Ort mit einer herrlichen Rundsicht über die Rebberge bis auf den Schwarzwald und die Vogesen und bei gutem Wetter bis zum Schweizer Jura belohnt.

Die heilige Erentrudis war die erste Äbtissin des um 715 gegründeten Frauenklosters Nonnberg in Salzburg, wo sie bis heute als ‹Landesmutter› verehrt wird. Sie war eine Nichte des dortigen Klostergründers, des heiligen Bischofs Rupert von Salzburg. Im Breisgau hat man die beiden irrigerweise zu Geschwistern des heiligen Trudpert im nahen Münstertal gemacht (siehe Mythische Orte am Oberrhein, Band 1, S. 213).

Ursprünglich war die Kultstätte auf dem Tuniberg eine Art Schutzhütte ohne Altar und Fenster. Nach dem Dreissigjährigen Krieg nahm jedoch die Verehrung der heiligen Erentrudis erheblich zu und der kleine Bau wurde zu einem aus der ganzen Umgebung viel besuchten Wallfahrtsort. Man errichtete deshalb eine grössere Kapelle, die 1699 eingeweiht wurde. Diese wurde jedoch 1713 im Spanischen Erbfolgekrieg schwer beschädigt und musste danach wieder neu erbaut werden. 1749 stiftete das Kloster Nonnberg eine Reliquie der heiligen Erentrudis an Munzingen. Leider sind heute die früher zahlreich vorhandenen Votivtafeln verschwunden und die von Matthias Faller (siehe auch St. Peter, S. 191) geschnitzten barocken Statuen der Heiligen Erentrudis und Trudpert wurden nach Freiburg im Breisgau ins Augustinermuseum übergeführt. Als Ersatz erhielt die Kapelle 1984 eine von einem Gönner gestiftete

neue Statue der Patronin, die ein Salzburger Künstler nach einem Vorbild aus dem 15. Jahrhundert geschnitzt hat; sie hält in ihrer linken Hand das Modell der Munzinger Kapelle. Bis heute pflegt man in Munzingen den Kontakt zu Salzburg.

Die von Caesarius, einem Kaplan am Nonnberg, im Jahr 1304 verfasste Vita, die auf älteren, nicht mehr vorhandenen Quellen beruht, schildert Erentrud als eine vorbildliche Klosterfrau voll barmherziger Nächstenliebe zu Armen, Kindern und Kranken und allen, die sie um Hilfe baten. Im Salzburger

Tuniberg vor Schwarzwaldkulisse mit Belchen

Frauenkloster wird diese Tradition mit der kostenlosen Essensabgabe an Bedürftige bis heute weitergeführt. Nach einer weiteren Legende wurde der Herzog von Bayern und spätere Kaiser Heinrich II., der angebliche Stifter des Basler Münsters, auf die Fürsprache der heiligen Erentrudis hin von einer schweren Krankheit geheilt; man findet ihn dargestellt auf dem Hochaltar der Munzinger Kapelle. Mit einem Neubau der Klosterkirche am Salzburger Nonnberg um das Jahr 1000 soll er sich für diese Erhörung erkenntlich gezeigt haben.

o Maria hilf
S
PANTALEON
1842
eiliger Pantaleon bitte für

St. Pantaleonsfest mit Pferdesegnung

NIEDERROTWEIL

ANFAHRT
Bahn bis Oberrotweil (Vogtsburg am Kaiserstuhl-Oberrotweil), Bus bis Niederrotweil, Haltestelle Kirche

WEG
Ab Bahnhof Oberrotweil 1 km Fussweg bis St. Pantaleonskapelle. Ab Bushaltestelle Niederrotweil Kirche (St. Michael) 5 Gehminuten Richtung Oberrotweil zur Kapelle

ÖFFNUNGSZEITEN
St. Pantaleonskapelle von Anfang Mai bis Ende Oktober täglich 8.30–18 Uhr

HINWEISE
St. Pantaleonsfest mit Pferdesegnung am Sonntag nach dem 27. Juli, 9.30 Uhr
Lehrpfad ‹Weinbau und Heilpflanzen›, Vogtsburg-Oberrotweil (2 km)

Figur des heiligen Pantaleon auf dem Marienaltar

Eine grosse Anziehungskraft geht von der St. Pantaleonskapelle aus, die am Hang zwischen Reben und Wald bei Niederrotweil (Ortsteil von Vogtsburg im Kaiserstuhl) liegt, rund einen Kilometer vom Bahnhof Oberrotweil entfernt. Ein kurzer Kreuzweg führt von der Hauptstrasse hinauf an den idyllischen Ort. Besonders am St. Pantaleonsfest am Sonntag nach dem Todestag des Heiligen, dem 27. Juli, kommen die Menschen in Scharen – viele auch mit ihren Pferden – aus dem ganzen Kaiserstuhl und dem benachbarten Elsass, um am Festgottesdienst vor der Kapelle und der anschliessenden Pferdesegnung teilzunehmen.

Vor und nach der Messe zieht es die Pilger in die Kapelle, wo sie den Hochaltar umrunden, den St. Pantaleonsschrein berühren und dabei mit ihrer Hand die Vitrine auf beiden Seiten betasten. Beim Rundgang benetzen sie mit einem Tüchlein aus den bereitgestellten Weihwasserschalen ihre Augen, da der Heilige auch als Augenheilkundiger verehrt wird.

Der Schrein birgt ein kunstvoll aus Holz nachgebildetes Skelett, das um 1760 hier eingesetzt wurde. Dieses war von der Witwe eines Freiburger Buchhändlers namens Wagner, «die sich gut auf das Sticken verstand, gefasst und so geziert, dass der Fremdling nichts weniger als Holz sondern ganz gewiss den ganzen entseelten Körper des hl. Pantaleon zu sehen glaubt», wie es in einem alten Schreiben heisst. Auf der Brust des mit besticktem Tuch belegten Skeletts liegt, durch einen

herzförmigen Ausschnitt sichtbar, eine Reliquie des Heiligen, die in einem kleinen Behälter gefasst ist.
Über die Verehrung von Sankt Pantaleon im mittelalterlichen Rotweil gibt es keine Berichte, man weiss aber, dass die jetzige Wallfahrtskirche an dem Ort errichtet wurde, an welchem vor dem Dreissigjährigen Krieg (1618–1648) eine kleine, dem Heiligen geweihte Kapelle stand. Obwohl diese dem Zerfall preisgegeben war, lebte die Wallfahrt unter der Bevölkerung

weiter. Pantaleon wurde vor allem um Schutz vor Krankheit von Mensch und Vieh angerufen und es war von Heilungen die Rede.
1735 prüfte der Pfarrer von Rotweil, Franz Nicolaus Wilhelm, die Aussagen von fünf geheilten Personen und beschloss daraufhin, mit Spenden der Gläubigen die noch heute bestehende Wallfahrtskapelle zu errichten. 1741 war diese vollendet. Pilger reisten nun aus dem ganzen Kaiserstuhl, von Freiburg und Umgebung sowie mit Pferdefuhrwerken auf Furten oder

mit Fähren über den noch unregulierten Rhein aus dem Elsass an. An sie erinnern in der Kirche Fotos von Votivtafeln, die sie als Dank für erwiesene Hilfe durch die Fürsprache von Sankt Pantaleon gestiftet haben. Die Wallfahrt wurde damals von einem Waldbruder betreut. An die einst an die Kirche angebaute Einsiedelei erinnert noch ein kleines Fenster unter der Decke im Chor, das während der letzten Renovierung entdeckt und freigelegt wurde.

Sankt Pantaleon wurde in der zweiten Hälfte des 3. Jahrhunderts in Nikomedien (heute Izmit, Türkei) geboren; seine Mutter, die früh starb, war Christin. Der begüterte Vater liess ihn vom Arzt Euphrosinus in Heilkunde ausbilden; in dieser Zeit überzeugte der greise Priester Hermolaus den Jüngling vom Christentum. In der Legende heisst es, Pantaleon habe durch Anrufung von Christus ein Kind wieder zum Leben zurückgerufen, nachdem es von einer giftigen Natter gebissen worden war. Als er überdies einen Blinden heilte, soll sich auch sein Vater zum Christentum bekehrt haben. Nach der Überlieferung war Pantaleon Leibarzt des Kaisers Maximian; missgünstige Ärzte sollen ihn jedoch als Christ entlarvt und zur Abdankung gezwungen haben. Da Pantaleon seinem Glauben treu blieb, wurde er um das Jahr 305 während der Christenverfolgungen unter Kaiser Diokletian enthauptet.

Schon gegen Ende des 4. Jahrhunderts wurden zu Ehren des Märtyrers in Konstantinopel und anderen Orten des Ostrei-

ches Kirchen errichtet. Seine Verehrung im Westen begann bald darauf in Rom, Neapel, Venedig, Lyon und Köln. Seit dem 14. Jahrhundert wurde er als einer der Vierzehn Nothelfer angerufen (siehe auch S. 75–76). Pantaleon gilt als Fürsprecher bei Krankheiten von Mensch und Tier und ist Schutzpatron der Ärzte sowie der Hebammen. Dargestellt wird er in vornehmer Kleidung meist mit Arznei- oder Salbengefäss oder beim Martyrium mit den Händen über dem Kopf an eine Palme oder einen Ölbaum genagelt.

Pilgergottesdienst vor der Kapelle

Wer die St. Pantaleonskapelle besucht, sollte es nicht versäumen, in Niederrotweil auch die ummauerte Kirche St. Michael aufzusuchen, das älteste Gotteshaus am Kaiserstuhl. Hauptattraktion bildet der bedeutende spätgotische Schnitzaltar des Meisters H. L. (Hans Loi) – vermutlich ein Vorgängerwerk des glanzvollen Breisacher Münsteraltars (siehe auch Mythische Orte am Oberrhein, Band 1, S. 184–185). Beachtung verdienen ebenfalls die Fresken aus dem 14. Jahrhundert.

Sankt Pantaleon auf dem Hauptaltar

Die Bergkirche mit Fresken und ‹Kinderbrünneli›

NIMBURG

ANFAHRT
Bahn bis Freiburg i. Br., Bus bis Nimburg, Haltestelle Rathaus (eingeschränkte Verkehrszeiten)

WEG
20 Gehminuten ab Rathaus durch Langstrasse und Antoniterstrasse zur Bergkirche
PKW: Parkplatz bei der Bergkirche

ÖFFNUNGSZEITEN
Schlüssel zur Kirche erhältlich (Poststrasse 17, Teningen
Tel. +49 (0)7663 501 21)

Auf dem Nimberg, am Tor zum Kaiserstuhl, liegt in stiller Abgeschiedenheit die heute evangelische Johanneskirche. Hier geniesst man eine herrliche Rundsicht über die Rebberge und hinüber bis zum Michaelsberg. Funde aus der Römerzeit und dem Mittelalter bezeugen, dass der Ort früh besiedelt war. Verschwunden ist das kleine Antoniterkloster, das 1456 von der Freiburger Niederlassung aus hier in Obernimburg eingerichtet wurde. Es wird vermutet, dass das heutige, nach Süden ausgerichtete Kirchenschiff aus dieser Zeit stammt. Die Antoniter haben hier vor allem Hautkranke gepflegt, die vom ‹Antoniusfeuer› (Mutterkornvergiftung) befallen waren.

977 wird Nimburg (heute Ortsteil von Teningen) erstmals in einer Urkunde erwähnt; seit 1083 ist im Breisgau das Geschlecht der Grafen von Nimburg belegt. Diese waren im 12. Jahrhundert auch Schirmvögte der zur Abtei Einsiedeln gehörenden Klöster und Mitbegründer von St. Peter im Schwarzwald. Die Rechte an der Kirche von Nimburg verkauften sie 1196 an den Bischof von Strassburg.

Als die Antoniterniederlassung nach der Reformation aufgehoben wurde, richtete der Markgraf von Baden in den Klostergebäuden ein Spital ein. Heute liegen die Überreste des Ordenshauses unter dem neuen Friedhof; ältere Einwohner erinnern sich noch an die Ruinen des ehemaligen Klosterkellers, die hier zu sehen waren.

Erst in den Jahren 1952–1954 hat man anlässlich einer Renovation die reichen Fresken in der Kirche entdeckt und wieder freigelegt. Rechts vom Eingang ist der Kirchenpatron Johannes der Täufer dargestellt; im Chor prangt das Jüngste Gericht mit Jesus, flankiert von zwei mächtigen Posaunenengeln. In Einzeldarstellungen findet man die vier Evangelisten, aber auch David, Samuel, Mose und Aaron sowie Maria und die Apostel Bartholomäus (mit der eigenen Haut unter dem Arm),

Andreas, Petrus, Paulus und Jakobus. In mahnenden Worten wird hier ausserdem verkündet: «Des Fleisches Üppigkeit verheert die erste Welt – seht wie in Herzeleyd bringt, was dem Fleisch gefällt!»

Willfried Renner äussert in der von ihm verfassten ‹Geschichte der Bergkirche von Nimburg› die Vermutung, dass diese Fresken aus der Zeit der lutherischen Orthodoxie stammen, während die höher gelegenen, umrahmten Bilder mit der Arche Noah und der Passion Christi wohl älter sind. 1718 wur-

Paulus, Jakobus der Ältere und Johannes: Fresko an der Westwand

den Putz und Anstrich erneuert; die Namen unter den Bildern bezeichnen vermutlich die Spender dieser Renovation.
Ein paar Schritte unterhalb der Kirche ist das ‹Kinderbrünneli› zu entdecken. «Da holt der Storch die Kinder», hat man noch bis vor wenigen Jahrzehnten im Dorf erzählt.

MAWI
In Allen Nethen
flihe zu Muri zu
EX VOTO 1767

Die romanische Gnadenmutter im Prunkgewand

ST. MÄRGEN

ANFAHRT
Bahn bis Kirchzarten, Bus bis St. Märgen Post

ÖFFNUNGSZEITEN
Kirche tagsüber offen, Führungen 1. Mai bis 1. November jeweils Mi 17.30 Uhr

HINWEIS
Klostermuseum: geöffnet Mi und Do 10–13 Uhr und 14–17 Uhr, So 10–13 Uhr (ausser im November)

Es war um 1118 zur Zeit des Investiturstreits – jenen Machtkämpfen zwischen päpstlicher und kaiserlicher Partei –, als der Strassburger Dompropst und spätere Bischof Bruno von Haigerloch-Wiesneck, ein Anhänger Kaiser Heinrichs V., den Grundstein zum Augustiner-Chorherrenstift St. Märgen legte. Damit hat er hier, 25 Jahre nach der Errichtung der imponierenden Benediktinerabtei St. Peter durch den Zähringer Herzog Berthold II. (siehe auch S. 195–196) ein Zeichen gesetzt, standen doch die Zähringer auf päpstlicher Seite und waren erbitterte Gegner der Breisgaugrafen. Durch Vermittlung Bischof Richwins von Toul in Lothringen kamen aus dessen Bistum Augustiner-Chorherren hierher und errichteten die *cella sanctae Mariae,* woraus später der heutige Name Sankt Märgen hervorging. Sie brachten aus ihrer Heimat eine Madonna mit – ihr zu Ehren gaben sie dem Ort den Namen ‹Mariazell›.

Diese schlichte, ländlich anmutende romanische Gnadenmutter aus der Zeit vor 1100 bildet bis heute den Anziehungspunkt des Heiligtums. Glücklicherweise hat sie alle Brände der St. Märgener Klosterkirche (zum Beispiel 1284, 1430 und 1907) überstanden, da man sie wohl immer als Erste gerettet hat. Die von einem anonymen Künstler geschnitzte Sitzfigur hält das Kind – eigentlich ein kleiner Erwachsener – mit der linken Hand auf ihrem linken Knie und präsentiert mit ihrer Rechten einen Apfel. Als typische romanische Madonna

Exvoto von 1767 in Hinterglasmalerei, heute im Heimatmuseum

ist sie nicht lächelnd zu ihrem Kind hin gewandt, sondern blickt nach vorn zum Beschauer und führt ihm ihren Sohn als Erlöser vor. Man findet die ehrwürdige Skulptur auf der Langseite des Nordhauses in der Gnadenkapelle vor einem goldenen Strahlenkranz. Zu verschiedenen Zeiten des Kirchenjahres ist die Gnadenmutter eingehüllt in sechs verschiedenfarbene Kleider. Das prunkvolle, rote Brokatgewand hat eine taubstumme Frau vom benachbarten Thomashof in liebe-

voller, mehrjähriger Arbeit geschaffen. Besondere Kostbarkeiten sind auch die beiden Barockkronen von Mutter und Kind, vermutlich Goldschmiedearbeiten aus Augsburg um 1737. Nach dem Brand von 1430 kam das Gnadenbild nach Freiburg ins Kloster Allerheiligen. Erst 1723 fand es in die von Abt Andreas Dilger in barockem Stil neu erbaute St. Märgener Kirche zurück.

Die Gnadenmutter ist das älteste und auf Grund seiner Einzigartigkeit wohl auch das kostbarste Wallfahrtsbild der Erz-

Das romanische Gnadenbild von St. Märgen

diözese Freiburg. Sichtbare Zeichen von Gebetserhörungen an der Gnadenstätte sind Votivtafeln; davon ging beim Brand von 1907 ein Grossteil verloren. Die Geschichte des wundertätigen Bildes hat Abt Andreas Dilger im Wallfahrtsbüchlein von 1723 festgehalten. Da heisst es über die Zeit vor 1430, dass «so lang dises Gnaden-Bild zu Mariä-Zell ware, ein grosser Zulauff und Wallfahrten dahin gewesen seye. Gnugsam Zeugnis ist, dass die Jungfräuliche Mutter Gottes mit vilen und beständigen Gnaden am besagtem Ort ihren Andächtigen geholffen habe». Da ist von einer Frau die Rede, die – vom Kirschbaum gefallen – tödlich verletzt schien und nach Gebeten wieder lebendig wurde. Dasselbe gilt für ein kleines Kind, das eine Stunde lang in einem Weiher lag oder für einem Metzgerssohn, der sich ein Messer in den Hals gestossen hatte.

Einer der Laienbrüder, die vorübergehend in St. Märgen lebten, war der berühmte Rokokoschnitzer Matthias Faller, den man auch ‹Herrgottschnitzer des Schwarzwaldes› nennt. Als Klosterbruder Floridus schuf er 1735/36 den Kreuzaltar sowie den Gnaden- und Josephsaltar; später lieferte er von seiner Heimat aus überdies die Figuren des Hochaltars (1744/45). Matthias Faller wurde 1707 in Furtwangen-Neukirch geboren und kam auf seiner Wanderschaft bis nach Colmar, Augsburg, München, Wien und Prag. Nach der Rückkehr in die Heimat lebte er mehrere Jahre in St. Märgen. 1737 wurde er aus Kloster und Orden «dimittiert, weillen Er sich zu andren arbeithen als bildhauer nit hat wollen brauchen lassen», kehrte aber 1741 nach St. Märgen zurück. 1751–1771 war er Klosterbildhauer von St. Peter. Als er 1791 im Alter von 84 Jahren starb, wollte er an der Gnadenkapelle in St. Märgen bestattet werden. Dort ist aussen sein erneuertes Grabmal zu sehen.

Die Wallfahrt zur Gnadenmutter von St. Märgen überstand sowohl die Verbote Kaiser Josephs II. ab 1786 wie auch die Aufhebung des Klosters im Jahr 1806 und hält in dem jetzt als

Pfarrkirche dienenden Gotteshaus bis heute an. Besonders an Marienfeiertagen, wie Mariä Himmelfahrt am 15. August und Mariä Einzug am zweiten Oktobersonntag, gibt es zu Ehren der Kirchenpatronin Prozessionen mit Kreuz und Fahnen und dem von ‹Schäppel-Mädchen› mit Trachtenhäubchen getragenen Bild der Madonna.

Eine zweiter bedeutender Wallfahrtsort liegt eine knappe Viertelstunde von St. Märgen entfernt: die Judas-Thaddäus-

Kapelle auf dem Ohmen. Wohl schon seit dem Mittelalter wird dort der Apostel Judas Thaddäus verehrt, der besonders in aussichtslosen Situationen angerufen wird. Abt Andreas Dilger liess zu Ehren dieses Heiligen innerhalb des Klosterareals von St. Märgen eine Kapelle bauen, hatte er doch vom Freiburger Kartäuserprior als Reliquie einen Handknochen des Heiligen erhalten. 1734 legte er den Grundstein für eine neue Kapelle auf dem Ohmen, in deren Fundament er unter anderem auch die Judas-Thaddäus-Reliquie einliess. Dem Klosterbruder Flo-

‹Känsterle› mit Jesuskind: Nonnenwerk aus St. Märgen für Hausaltäre ridus alias Matthias Faller gab er den Auftrag, die Bildhauerarbeiten für die Altäre auszuführen. Nach der Renovierung der Kapelle von 1967/68 ist in den neu geweihten Altar eine kleine Reliquie aus dem Judas-Thaddäus-Altar der Peterskirche in Rom eingelegt worden – ein Geschenk des Papstes Johannes XXIII. an die alte Wallfahrtsstätte.

ST. PETER

ANFAHRT
Bahn bis Kirchzarten, Bus bis St. Peter, Haltestelle Zähringer Eck
WEG
5 Gehminuten bis zum Klosterkomplex
ÖFFNUNGSZEITEN
Kirche tagsüber offen. Führungen in Kirche, Kloster und Bibliothek: So und Feiertage 11.30 Uhr, Di und Do 14.30 Uhr. Tel. +49 (0)7660 910 10
HINWEIS
Festgottesdienst an Fronleichnam und Christi Himmelfahrt: um 9 Uhr, anschliessend Prozession. An Fronleichnam Ausflug nach Hüfingen bei Donaueschingen lohnenswert: 600 Meter langer Blumenteppich frühmorgens bis 18 Uhr

Als mächtiges barockes Gesamtkunstwerk präsentiert sich die Klosteranlage St. Peter – von Weitem schon grüssen die beiden Kirchtürme mit ihren Zwiebelkuppeln, von welcher Seite man auch anreist. Die erhöhte Lage am Südhang des hohen Kandels erlaubt einen Blick bis hinüber zum Feldbergmassiv. Besonders malerisch zeigt sich der Ort an Fronleichnam und an Christi Himmelfahrt, wenn sich die Menschen in ihren Schwarzwälder Trachten hier zu Gottesdienst und Prozession einfinden.

Die Gründung des Klosters am Ende des 11. Jahrhunderts geht auf machtpolitische Entscheidungen der Herzöge von Zähringen zurück. Sie hatten am Fuss ihres Burgbergs in Weilheim an der Teck 1073 ein Hirsauer Priorat gestiftet. Als sie ihr Machtzentrum in den Breisgau verlegten, gab Herzog Berthold II. den Hirsauer Benediktinern den Auftrag, diese Stiftung hierher zu übertragen und ein ebenfalls dem heiigen Petrus geweihtes, eigenständiges Haus- und Grabkloster des einflussreichen Fürstengeschlechts zu gründen. Damit wurde St. Peter das liturgische Gedenken aufgetragen, das Gebet für das Seelenheil der Zähringer – eine zentrale Aufgabe im stark auf das Jenseits ausgerichteten Mittelalter. Aus dem Dreisamtal holte man Bauern, um die Wälder zu roden und die Gegend zu besiedeln.

Die Fürstenfamilie unterstellte die Abtei dem Heiligen Stuhl, um deren Güter und Rechte gegenüber anderen Fürsten zu

Mädchen mit Schäppelkronen an Fronleichnam

sichern. 1095 bestätigte Papst Urban II. diese Verfügungen; bis zur Aufhebung des Klosters 1806 berief man sich auf diese Privilegien. Zahlreiche Zähringer Herzöge sind in der Familiengruft von St. Peter bestattet. Der Besitz des Klosters erstreckte sich über den Schwarzwald, den Breisgau, den Neckargau und die Zentralschweiz. 1526 ging die Klostervogtei an die Habsburger über; 1560 wurde das Kloster St. Ulrich (siehe auch S. 200–203) und 1601 die Propstei Sölden inkorporiert.

St. Peter war von Anfang an neben einem politischen auch ein kulturelles Zentrum; es entwickelte sich eine eigentliche Gelehrtenakademie, in der bedeutende Werke zur Geschichts- und Rechtswissenschaft entstanden. Das älteste erhaltene Dokument, der über sechs Meter lange, aus mehreren Pergamenten zusammengenähte ‹Rotulus Sanpetrinus› wurde im 12. Jahrhundert angelegt und diente bis ins 18. Jahrhundert als gültige Rechtsquelle. Berühmtheit erlangte der ins Kloster St. Peter eingetretene Mathematiker, Physiker und Uhrenkonstrukteur Thaddäus Rinderle; dem ‹Uhrenpater› verdankt der Schwarzwälder Uhrenbau entscheidende technische und künstlerische Anregungen. Verbindungen mit den Abteien Cluny und St. Blasien (siehe auch Mythische Orte am Oberrhein, Band. 1, S. 206–211) vermittelten wichtige geistige Impulse.

Wechselvolle Zeiten erlebte das Kloster in seiner siebenhundertjährigen Geschichte bis zu seiner Aufhebung im Jahr 1806. Der Dreissigjährige Krieg, die Raubzüge des französischen Königs Ludwig XIV., der spanische Erbfolgekrieg oder Besetzungen im Gefolge der Französischen Revolution brachten verheerende Brände, Verwüstungen und Schulden; zudem wurde die Gegend immer wieder von Seuchen heimgesucht. Dramatisch war die Zeit um 1520, als der Prior Michael Sattler versuchte, das Kloster der Reformation zuzuführen; da er damit scheiterte, verliess er 1523 das Kloster und wurde schliesslich zum Mitbegründer der süddeutschen Täufergemeinden.

Im 18. Jahrhundert erlebte die Abtei nochmals eine Blütezeit. Es waren die Äbte Ulrich Bürgi und Philipp Jakob Steyrer, die Peter Thumb (siehe auch Rheinau, S. 45) beauftragten, ein dem Zeitgeist des 18. Jahrhunderts entsprechendes Kloster samt Kirche zu erbauen. Dem Vorarlberger Baumeister ist ein Meisterwerk gelungen: Der lichtdurchflutete, weisse Kirchenraum mit seinen schlanken Wandpfeilern und den überlebensgrossen Statuen der Zähringerherzöge entfaltet die ganze Pracht des ‹himmlischen Thronsaales› in Vorarlberger Tradition. Für den Hochaltar wurden acht Altarbilder geschaffen, die mit dem Lauf des Kirchenjahres gewechselt werden.

Der Raum war aber auch der Ort der Heiligen, die den Menschen in seinen Ängsten und Nöten begleiten sollten. Petrus, dessen Vita in den Deckengemälden dargestellt ist, heilt hier Kranke und einen Lahmgeborenen. Der Wunsch nach einem guten Sterben und Gewähr für das ewige Heil war ein wichtiges Anliegen der Bevölkerung. Dieses Thema erscheint etwa am kleinen Seitenaltar der heiligen Ursula auf der Nordseite (Mitte): Im kleinen Deckenfresko beschützt sie die Seele eines Verstorbenen vor dem Zugriff der bösen Geister. Am Benediktsaltar auf der Südseite vorne fällt ein Licht auf das Gesicht des Sterbenden. Am hintersten Seitenaltar auf der Nordseite löscht Agatha mit ihrem Gewand die Flammen des brennenden Klosters und im Deckengemälde über dem Altar des Katakombenheiligen Clemens in der Mitte der Südseite bittet ein

Mann mit von Gicht verkrümmter Hand um Heilung. Ein Joch weiter hinten finden wir die Strahlenkranzmadonna, ein Gnadenbild aus dem 17. Jahrhundert.

Die Bibliothek im Rokokostil – eine der schönsten im süddeutschen Raum – ist das architektonische und geistige Zentrum der Abtei. Die Figuren auf der Galerie (nur sechs von zwölf sind erhalten) stellen die wichtigsten hier vertretenen Wissensbereiche dar und gaben ursprünglich die Ordnung der Buchbestände wieder. Bei der Säkularisation des Klosters 1806

Blumenteppich an Fronleichnam in Hüfingen

wurden die Bücher teils an den badischen Hof, teils in die Freiburger Universitätsbibliothek verbracht. Weniges konnte in St. Peter bewahrt oder später zurückgekauft werden.
Die Gebäude wurden nach der Aufhebung des Klosters als Lagerräume und während der napoleonischen Kriege auch als Lazarett benutzt – eine 1910 errichtete Kapelle östlich des Klosters erinnert an die 848 hier verstorbenen Soldaten. Schliesslich kam das Kloster in den Besitz der Erzdiözese Freiburg, die hier bis 2006 ein Priesterseminar führte und den Ort seither als ‹Geistliches Zentrum› nutzt.
Am Fronleichnamstag erscheint St. Peter in besonders festlicher Pracht, wenn nach dem Gottesdienst die grosse Prozession mit Musik und Trachten in weitem Bogen um das Dorf bis in die Felder hinaus führt. Empfehlenswert ist an diesem Tag auch eine Weiterfahrt nach Hüfingen bei Donaueschingen, wird dort doch gleichentags für die Prozession jeweils ein sechshundert Meter langer Blumenteppich geschaffen, der bis zum Abend liegen bleibt.
Fronleichnam ist das Hochfest des Leibes und Blutes Christi in Erinnerung an die Einsetzung des Altarsakraments. Das Fest wurde durch eine Vision der heiligen Augustinernonne Juliana von Lüttich im Jahr 1209 angeregt und wurde 1246 im dortigen Bistum erstmals gefeiert. 1263 soll sich am Grab der heiligen Christina das ‹Blutwunder von Bolsena› ereignet haben, was Papst Urban IV. veranlasste, 1264 Fronleichnam zum Fest der Gesamtkirche zu erheben. Nach der Legende hat der böhmische Priester Peter von Prag, der an der Transsubstantiation der Eucharistie zweifelte, in der nach Christina benannten Kirche in Bolsena eine Messe gefeiert, bei der einige Tropfen Blut von der Hostie auf das Corporale (das Tuch, auf dem Hostienteller und Kelch stehen) fielen. Am 18. Juni, dem Tag des Wunders, findet in Bolsena zur Feier der Eucharistie alljährlich ein grosses Blumenfest statt.

Der heilende Brunnen bei der ehemaligen Klosterkirche

ST. ULRICH
ANFAHRT
Bahn bis Freiburg i. Br., Bus bis St. Ulrich/Bollschweil
ÖFFNUNGSZEITEN
Kirche tagsüber offen

Am westlichen Rand von Freiburgs Hausberg Schauinsland – einem wundervollen Gebiet für Wanderungen – liegt im stillen Möhlintal das kleine Dorf St. Ulrich (heute Ortsteil von Bollschweil), bekrönt von der von Weitem sichtbaren, barocken Kirche mit der 1806 aufgehobenen Benediktinerabtei. Am Fuss der Kirche rauscht ein Brunnen, dessen Wasser heilkräftig sein soll – besonders bei Augenleiden. Alljährlich wird denn auch das ‹Ulrichswasser› am Festtag des Heiligen, am Sonntag nach dem 14. Juli, nach der Vesper gesegnet.

Die Lebensgeschichte des Klostergründers Ulrich von Zell findet man dargestellt auf den reichen Deckengemälden der ehemaligen Klosterkirche, die heute als katholische Pfarrkirche dient, und auf dem Ulrichsaltar, auf dem der Heilige als Helfer und Wundertäter gemeinsam mit dem heiligen Benedikt vorgeführt wird. Im Kreuzaltar liegt das «durch Wunder berühmte Grab» des Heiligen, wie dort zu lesen ist.

Geboren wurde Ulrich von Zell um 1029 in Regensburg. Sein Vater war bayerischer Herkunft und seine Mutter stammte aus Schwaben; sie soll der Sippe des heiligen Ulrich von Augsburg angehört haben (siehe auch Mythische Orte am Oberrhein, Band 1, S. 115). Kaiser Heinrich III. war sein Taufpate. In langer Kinderlosigkeit hatten die Eltern gelobt, ein ihnen geschenktes Kind dem geistlichen Stand zu widmen. So wurde Ulrich in der Regensburger Benediktinerabtei St. Emmeram erzogen. In der dortigen Klosterschule traf er auf den späteren Heiligen Wilhelm von Hirsau, mit dem ihn eine lebenslange Freundschaft verbinden sollte. 1046 begleitete er Kaiser Heinrich III. auf seiner Reise nach Rom und unternahm später eine mehrjährige Wallfahrt nach Palästina – «zufrieden nur mit einem Diener, der die Allmosen gab, und mit einem Pferd», heisst es dazu in seiner Vita. 1061 verschenkte er seinen ganzen Besitz an die Armen und trat in die burgundische Bene-

diktinerabtei Cluny ein, wo er zum Priester geweiht wurde. Abt Hugo von Cluny betraute Ulrich mit der Verbreitung der cluniazensischen Reformideen; so gründete er auf dem Rüeggisberg (Kanton Bern) ein Cluniazenser Priorat. 1078 wurde er Prior des neu gegründeten Klosters in Grüningen bei Oberrimsingen (heute erinnert nur noch eine Jakobuskapelle an den verschwundenen Ort). Im Auftrag seines Jugendfreundes Wilhelm, der jetzt Abt des Klosters Hirsau war, schrieb Ulrich ein dreibändiges Werk über die Cluniazenserregel. Das Grüninger

Romanische Taufbrunnenschale im Hof der Klosteranlage

Kloster verlegte er 1087 in das stille Möhlintal an eine ‹Zell› genannte Örtlichkeit. Eine Urkunde des Klosters St. Gallen vom Jahr 886 bezeugt, dass hier schon in karolingischer Zeit eine Mönchszelle bestand. Hier verbrachte der unermüdliche Kämpfer für die Kirchenreform, erblindet nach langjähriger Augenkrankheit, sein Lebensende und starb am 14. Juli 1093. Die heutigen Klostergebäude stammen aus dem 18. Jahrhundert. Die barocke Kirche ist ein Werk des Vorarlberger Bau-

meisters Peter Thumb (siehe auch S. 45). Seit der Aufhebung des Klosters 1806 dient sie als Pfarrkirche von St. Ulrich.

Die Quellgrotte bei der St. Sebastian-Kirche

SCHLATT
ANFAHRT
Bahn bis Bad Krozingen, Bus bis Schlatt, Haltestelle Rathaus
WEG
5 Gehminuten vom Rathaus (Wegweiser) zur Quellenstrasse Nr. 4
ÖFFNUNGSZEITEN
Kirche sonntags während des Gottesdiensts offen

Im kleinen Dorf Schlatt bei Bad Krozingen lohnt sich ein Halt, gibt es hier doch einen verborgenen mythischen Ort zu entdecken. Tritt man durch den Eingang an der Quellenstrasse Nr. 4, gelangt man auf einen idyllischen Platz mit Brunnen, an dem früher ein Lazariterkloster mit Mühle stand. Hier am schattigen Abhang des ‹Schlatter Bergle› rauscht aus einer Grotte die einst als heilkräftig geltende Quelle, eine der stärksten Oberflächenquellen der oberen Rheinebene. In unmittelbarer Nähe steht etwas erhöht, sich ganz dem Berg anschmiegend, die ummauerte Kirche, die Sankt Sebastian, dem Helfer gegen Pest und Seuchen, geweiht ist. Man erreicht den Eingang am Ende der Lazariterstrasse. Das Turmuntergeschoss stammt noch aus dem 13./14. Jahrhundert, der spätgotische Chor mit Kreuzrippengewölben und die Halle wurden am Ende des 15. Jahrhunderts erbaut.

Bis ins 18. Jahrhundert war es hier Brauch, die Neugeborenen am Tauftag in die ‹Lazariter-Quelle› zu tauchen und sie anschliessend auf dem Apollinarisaltar der Kirche dem Schutz dieses Heiligen anzuvertrauen. Es heisst, dass man auf dem Altar sieche Kinder gesehen habe, die oft von weit hergebracht und von ‹der alten Müllerin› durch den kleinen Bach gezogen wurden. Aus dieser Quelle wurde seit jeher das Dorf versorgt; das Wasser trieb die Dorfmühle und später ein kleines Kraftwerk an. Ausserdem sollen hier im früheren Gasthaus ‹Quelle› rauschende Feste gefeiert worden sein.

Ritter Werner von Staufen, wahrscheinlich Teilnehmer eines Kreuzzuges und Vogt des Münstertäler Klosters St. Trudpert (siehe Mythische Orte am Oberrhein, Band 1, S. 212–215) wird im Jahr 1271 als Mitbegründer eines ‹Hauses des heiligen Lazarus› in Schlatt genannt. Bei den Lazaritern handelte es sich um einen geistlichen Ritterorden, der sich nach seinem Engagement im Heiligen Land vermehrt der Leprosen in Europa annahm und diese mit Speise, Trank und Kleidung versorgte.

Wegen Armut und Verschuldung verkauften die Schlatter Lazariter jedoch 1362 das Kloster mit Kirche, Mühle, Bad und Leprosenhaus an die Komturei der Johanniter von Freiburg, deren deutsches Grosspriorat im 15. Jahrhundert nach Heitersheim verlegt wurde.
Urkunden aus den Jahren 1297 und 1362 bezeugen, dass in Schlatt auch Lazariterinnen mit eigenen Häusern ansässig waren. Das ehemalige Frauenkloster, das nach dem Verkauf als Pfarrhaus diente, wurde 1633 durch die Schweden zerstört.

Figur des heiligen Apollinaris am Hauptaltar

Heute unterhält der weltweit tätige Lazariterorden Kliniken in Entwicklungsländern, in denen Leprakranke behandelt werden. In Schlatt erfolgte 1974 die Neugründung einer Lazariterkommende, deren Mitglieder karitative Aufgaben des Ordens unterstützen.
Das ‹Schlatter Bergle› ist ein kleiner Aussichtspunkt, den man gut von Bad Krozingen aus, zu dem Schlatt heute gehört, in einem Spaziergang durch den Kurpark und den Rebhang hinauf erreichen kann. Auf dem nördlichen Sporn bestand eine Keltensiedlung und westlich vom Dorf gab es einen Grabhügel, den ‹Heidenbuck› oder ‹Hunnenbuck›, der von der Bevölkerung als Grab des Hunnenkönigs Attila angesehen wurde. Dieser soll hier nach einer Sage mit seinen Schätzen und einem lebensgrossen goldenen Kalb begraben sein. Bei archäologischen Untersuchungen hat man unter anderem eine keltische Anlage eruiert und im Grabhügel einen Ring aus Eisenschlacke und Asche gefunden, der auf die damalige Eisenverhüttung hinweist.

Anno 1539 iſt im Leuen
zu Staufen Doctor
Fauſtus ſo ein wunderbar-
licher Nigromanta geweſen,
elendiglich geſtorben und
es geht die Sage, der ober-
ſten Teufel einer, der Mephi-
ſtophiles, den er in ſeinen Leb-
zeiten nur ſeinen Schwager
genannt, habe ihm, nachdem
der Pact von 24 Jahren ab-
gelaufen, das Genick abge-
brochen und ſeine arme Seele
der ewigen Verdammnis
überantwortet.
F. Geiges 1909
M. Hickel 1994

Wo Doktor Faustus den Tod fand

STAUFEN

ANFAHRT

Bahn bis Staufen

WEG

5 Gehminuten vom Bahnhof ins Stadtzentrum

HINWEISE

Stadtführung ‹Mephisto-Tour›: April bis Oktober Sa 15 Uhr, Juni bis September auch Do 17 Uhr

Historisches Museum im Stubenhaus: geöffnet Sa und So 15–18 Uhr

Keramikmuseum, Wettelbrunner Strasse 3: geöffnet Februar bis November Mi–Sa 14–17 Uhr, So 11–13 und 14–17 Uhr

Wenn man durch die schöne Altstadt von Staufen spaziert, dem geschichtsträchtigen Ort am Ausgang des Münstertals, stösst man beim Marktbrunnen auf das Gasthaus zum Löwen. «Anno 1539 ist im Leuen zu Staufen Doctor Faustus, so ein wunderbarlicher Nigromanta gewesen, elendiglich gestorben», ist dort an der Fassade in gotischer Schrift zu lesen. Darüber zeigt ein burleskes Fresko, wie Mephisto den Alchemisten überfällt. Der plötzliche Tod des Arztes, Astrologen und Schwarzkünstlers Johann Faust gab damals wohl Anlass zum Gerücht, der Teufel habe ihn geholt. So heisst es in der nach 1540 verfassten Chronik der Grafen von Zimmern: «... und es geht die Sage, der obersten Teufel einer, der Mephistophiles, den er in seinen Lebzeiten nur seinen Schwager genannt, habe ihm, nachdem der Pact von 24 Jahren abgelaufen, das Genick abgebrochen und seine arme Seele der ewigen Verdammnis überantwortet.»

Als Erster hat der Theologe Johannes Gast in seinen ‹Sermones convivales› von seinen Begegnungen mit Faust in Basel und dessen spektakulärem Tod in Staufen berichtet. Allgemein bekannt wurden die abenteuerlichen Geschichten durch das anonyme Volksbuch ‹Historia von D. Johann Fausten›, das der Frankfurter Verleger Johannes Spies, ein Freund von Johannes Gast, 1587 herausbrachte. In der Folge entwickelte sich die sagenhaft ausgestaltete Geschichte zu einem bedeutenden Stoff der Weltliteratur.

Nach der Überlieferung soll Doktor Faust im Jahr 1539 auf der Staufener Burg, die sich hoch über der Stadt erhebt, gelebt haben. Er sei als Bibliothekar beim Grafen Anton von Staufen in Dienst gestanden und habe im Gasthaus zum Löwen logiert. Man nimmt an, der Burgherr von Staufen sei in Geldnöten gewesen, da die im Münstertal betriebenen Silberbergwerke bereits weitgehend ausgebeutet waren. Möglicherweise hoffte er, durch Doktor Fausts alchemistische Künste zu Gold

zu kommen. Faust scheint jedenfalls auf seine Zeitgenossen ungeheuer faszinierend gewirkt zu haben. Man konsultierte ihn offenbar als Heilkünstler und Hellseher, als Alchemisten und Astrologen. In der Todesnacht soll es nach Schwefel gerochen haben, was man sich damals mit der Anwesenheit des Teufels erklärte. Sein Leichnam sei in einem deformierten Zustand vorgefunden worden. Spätere Vermutungen gehen dahin, dass Faust in seiner Stube bei chemischen Experimenten durch eine Explosion ums Leben gekommen sei.

Marktplatz mit Rathaus in Staufen

Staufen und sein mit Reben bepflanzter Schlossberg war schon in vorgeschichtlicher Zeit besiedelt; archäologische Funde lassen auf eine spätbronzezeitliche und eisenzeitliche Höhensiedlung schliessen. Aus der römischen Kaiserzeit sind Überreste in der Stadt, in der Umgebung und auf dem Schlossberg nachgewiesen. Am Hügel hat man überdies ein alemannisches Hiebschwert gefunden und Gräberfelder oberhalb von Wettelbrunn bezeugen eine Besiedlung zur Zeit der Merowinger. Erstmals erwähnt wird Staufen im Lorscher Kodex im Zusammenhang mit einer 770 erfolgten Schenkung an das Kloster. Das Martinspatrozinium der späteren Stadtkirche von Staufen deutet auf eine grössere Ansiedlung um einen fränkischen Herrenhof im 8. Jahrhundert hin.
Die Burg, wie sie sich heute noch in ihren Fundamenten zeigt, wurde vermutlich zu Beginn des 12. Jahrhunderts durch die Herren von Staufen errichtet, die im Dienst der Zähringer Herzöge, der Stadtgründer von Freiburg im Breisgau, standen. Für das Jahr 1111 wird jedenfalls im ‹Rotulus Sanpetrinus›, dem Schenkungsverzeichnis des Klosters St. Peter (siehe auch S. 196), erstmals ein Adalbert von Staufen erwähnt, der Güter an das Kloster übertrug. Die Herren von Staufen besassen auch die Vogtei über das Kloster St. Trudpert (siehe Mythische Orte am Oberrhein, Band 1, S. 212–215) und die Bergwerksrechte im Münstertal.
1350 wurde Staufen von der Pest heimgesucht und es wird auch von Zerstörungen durch das grosse Basler Erdbeben von 1356 berichtet. In dieser Notlage wurden die Einkünfte von Staufen, das 1323 erstmals in einer Urkunde als Stadt bezeichnet wird, an Freiburger Kaufleute verpfändet. 1370 mussten die Freiherren von Staufen die Oberlehenshoheit der Grafen von Freiburg annehmen. Damit näherten sie sich den seit 1368 im Breisgau erstarkten Habsburgern an – unter den Gefallenen der Schlacht bei Sempach von 1386 befanden sich

auch Gottfried und Hans-Ulrich von Staufen. Die Stadt wurde in der Folge ein Teil Vorderösterreichs. Um 1487 wurde die Stadtkirche St. Martin in ihrer heutigen Form errichtet. Das Geschlecht derer von Staufen erlosch 1602. Im Dreissigjährigen Krieg besetzten 1632 schwedische Truppen die Stadt und brannten die Burg nieder.
Schutzpatronin von Staufen ist die heilige Anna, im Volksmund ‹Mutter Anna› genannt. Alljährlich gibt es ihr zu Ehren

am Sonntag vor ihrem Gedächtnistag, dem 26. Juli, ein grosses Fest, das am Vorabend mit einem gemütlichen Beisammensein beginnt und am Montag mit dem nachmittäglichen Kinderfest ausklingt. Was ursprünglich ein Kirchenfest der katholischen Pfarrei war, ist längst zu einem Volksfest geworden, an dem auch die evangelische Kirchengemeinde beteiligt ist. Frühmorgens künden Böllerschüsse vom Schlossberg her das Fest an und um neun Uhr wird ein Gottesdienst auf dem Marktplatz abgehalten. In einer Prozession mit dem Reiterverein und Trachtenleuten wird danach die geschmückte Statue der Stadtpatronin aus dem Seitenaltar der Stadtkirche durch die mit Fahnen geschmückte Altstadt getragen. Anschliessend trifft man sich auf dem Alfred-Schladerer-Platz unter den schattigen Platanen zu einem fröhlichen Volksfest, das bis zum Abend dauert. Ebenfalls einen Besuch wert ist das Markgräfler Weinfest Anfang August mit grossem Umzug und musikalischer Unterhaltung.

Die vorromanische Krypta in der Kirche St. Cyriak

SULZBURG

ANFAHRT

Bus ab Bahnhof Müllheim, Heitersheim oder Bad Krozingen bis Sulzburg, Haltestelle Marktplatz (eingeschränkte Verkehrszeiten)

WEG

5 Gehminuten die Hauptstrasse hinauf bis zur Klostergasse

ÖFFNUNGSZEITEN

Kirche täglich offen ab 9 Uhr

HINWEISE

Landesbergbaumuseum in Sulzburg in der ehemaligen Stadtkirche am Marktplatz: geöffnet Di–So 14–17 Uhr
Ehemalige Synagoge Sulzburg, Gustav-Weil-Str. 20: Besichtigung erster und letzter So im Monat 16–18 Uhr, Tel. +49 (0)7634 56 00 35

Zweigt man in Müllheim von der Badischen Weinstrasse nach Osten ab, gelangt man auf einer malerischen Strecke über die Winzerdörfer Britzingen und Laufen zum Städtchen Sulzburg. Durch das mächtige Stadttor gelangt man auf den belebten historischen Markt- und Stadtplatz mit dem barocken Rathaus und einem noch erhaltenen Flügel des abgebrannten Schlosses. Wenn man der Hauptstrasse entlang aufwärts spaziert, kommt man zur Klostergasse. Diese führt zur ehemaligen Klosterkirche St. Cyriak, dem ältesten Gotteshaus im Breisgau.

Bevor man durch das Turmportal die schlichte Kirche betritt, lohnt sich ein Blick nach oben zur mächtigen Christusfigur mit dem Stifterpaar; sie befand sich früher über der 1309 errichteten Michaelskapelle, die heute verschwunden ist. Im Boden der Turmhalle ist die alte Westapsis des Gründungsbaues eingezeichnet und in der Mitte, genau über dem Grab des Stifters der Kirche, hat man eine Gedenkplatte mit dem Anfangstext von dessen Bittschrift an Kaiser Otto III. aus dem Jahr 993 eingelassen. Es war der Breisgaugraf Birchtilo, der an dieser Stelle eine Basilika zu Ehren des Märtyrers St. Cyriak, der zu den Vierzehn Nothelfern gezählt wird (siehe auch Oberlarg, S. 75–76), errichten wollte. Er wünschte sie sich als Grabstätte, «wo er ruhen wollte bis zum Jüngsten Tag». Sein angeblicher Sohn Becelin wurde Eigner des zugehörigen Klosters, das damals wohl noch ein Kanonikerstift war; er überschrieb die

Kirche nach Birchtilos Tod dem Basler Bischof Adalbero. Die Übergabe erfolgte auf Wunsch von Kaiser Heinrich II., dem Förderer des Basler Bistums. Aus der Schenkungsurkunde von 1008 geht hervor, dass hier nun ein Benediktinerinnenkloster bestand. Eine Schranke quer durch die Kirche trennte den für die Laien reservierten Westteil ab. Im Nordwesten befand sich eine Taufanlage, die einen Abfluss für das geweihte Taufwasser in den Untergrund besass. Für die Nonnen wurden Emporen

mit einem Ausgang zu ihrem Schlafteil und ein höher gelegener Altarraum im Ostchor geschaffen. In diese Zeit fällt wohl die Errichtung der darunter liegenden, eindrücklichen Krypta, die von einer einzigen, mächtigen Säule getragen wird. Als Andachtsraum war sie ursprünglich reich ausgemalt.

In der Kirche sind an der Nordwand die Reste eines Reigens – vermutlich der Vierzehn Nothelfer – auszumachen und vor dem Hochchor sieht man Bruchstücke der emporsteigenden klugen und der herabsteigenden törichten Jungfrauen vor der

Himmelspforte. An der Südwand findet man die Evangelisten mit ihren Symbolen und das Bildnis eines Bischofs.
Im Jahr 1523 liess Markgraf Ernst von Baden das Kloster schliessen, angeblich wegen Widersetzlichkeiten der Vorsteherin. Den Klosterfrauen wurde es anheim gestellt, sich zu verehelichen. Der Schultheiss von Sulzburg nahm eine zur Frau, soll später aber jedermann davon abgeraten haben, eine Nonne zu heiraten, da sie zu nichts nütze sei. Nach langem Streit konnten die Nonnen in das Kloster zurückkehren, doch mit der Reformation im Jahr 1555 kam das klösterliche Leben endgültig zum Erliegen. Als bedeutendes Bauwerk aus ottonischer Zeit wurde der heute evangelischen Kirche 1964 eine umfassende Renovation zuteil.
An der Gustav-Weil-Strasse, die zur Klostergasse führt, finden wir das ehemalige jüdische ‹Stedtl› mit der Synagoge, die heute als Museum besichtigt werden kann. In diesem Viertel hat sich fast vierhundert Jahre lang jüdisches Gemeindeleben abgespielt, von dem auch der weiter talaufwärts gelegene jüdische Friedhof zeugt (siehe Mythische Orte am Oberrhein, Band 1, S. 107).
Im Tal von Sulzburg betrieben bereits die Römer Bergbau; dessen Blütezeit lag zwischen dem 10. Jahrhundert und dem Dreissigjährigen Krieg (1618–1648). Vor allem Silber, aber auch Blei, Kobald und Antimon wurden hier abgebaut. Salz, nach dem die Stadt benannt ist, wurde bis 1830 gewonnen. Spuren beweisen, dass hier schon in der Altsteinzeit um 5000 vor Christus nach Hämatit (Roteisenstein) gegraben wurde. Dieses Eisenoxyd verwendete man für Kultzwecke, aber auch für die Bemalung von Keramik. Bei einem Spaziergang talaufwärts zum Sägewerk kommt man an ehemaligen Gruben vorbei, und das Landesbergbaumuseum Baden-Württemberg in der ehemaligen Stadtkirche dokumentiert die Geschichte dieses Gewerbes.

Die Kapelle des verschwundenen Klosters ‹Himmelspforte›

TENNENBACH

ANFAHRT
Bahn bis Emmendingen

WEG
Fussweg durch den Stadtwald (Wegweiser) 1½ Std. über die Laberhütte nach Tennenbach

ÖFFNUNGSZEITEN
Schlüssel zur Kapelle im gegenüberliegenden Hotel zum Engel

HINWEIS
Der im Emmendinger Stadtwald markierte ‹Vierburgenweg› führt zu den Ruinen Landeck und Hochburg mit Abzweigung nach Tennenbach

Einsam am stillen Waldrand im Tennenbachtal, an der Strasse von Emmendingen nach Freiamt-Ottoschwanden, steht die Tennenbacher Kapelle, ein Kleinod frühgotischer Baukunst in der schlichten Bauweise der Zisterzienser. Auf Schlusssteinen der Gewölbe erkennt man ein Lamm Gottes und eine schwörende Hand.

Kaum jemand ahnt, dass in dieser ländlichen Idylle einst reges Leben herrschte in einer Abtei von riesigem Ausmass, die unter der Schirmherrschaft der Markgrafen von Baden stand, der Herren auf der nahen Feste Hachberg. Die kleine Kapelle war einst vermutlich das Gotteshaus der kranken Mönche, die nicht an den Feiern in der grossen Abteikirche teilnehmen konnten. Das Kloster ist längst vom Erdboden verschwunden, während das Schloss Hachberg (heute Hochburg genannt) als imposante Ruine auf einem Felsvorsprung in den Himmel ragt. Im Gründungsbericht der Abtei heisst es, Abt Hesso aus dem Zisterzienserkloster Frienisberg (Kanton Bern) sei 1161 mit zwölf Mönchen ins Tennenbacher Tal gekommen, um hier ein Kloster zu errichten. Zu diesem Zweck erwarb er vom Edelmann Kuno von Horwin in der Nähe liegende Güter mit allem Zubehör wie den Wasserläufen, Äckern, Wiesen, Gärten und Wäldern. Der Bau des Klosters, das den Namen ‹Porta coeli› (Himmelspforte) erhielt, wurde unter dem dritten Abt Konrad I. vollendet. Etwa um 1210 wurde die Klosterkirche fertig gestellt, von der ebenfalls keine Spuren mehr sichtbar sind.

Schon vor der Niederlassung der Zisterzienser besassen die Klöster Andlau im Elsass, Ettenheimmünster (siehe Mythische Orte am Oberrhein, Band 1, S. 78–81 und 198–201) und Schuttern hier Güter. Zur Urbarmachung der Wälder zog das neue Tennenbacher Kloster fremde Siedler aus der Rheinebene, aber auch aus der Schweiz und dem Elsass heran, die sich als ‹Gotteshausleute› durch ihren Arbeitseinsatz und die Abgabe von Zinsen von der Leibeigenschaft befreien konnten.

Durch sein Pacht- und Leihsystem im ganzen Breisgau, in der oberen Markgrafschaft und am Kaiserstuhl errang sich das Kloster eine bedeutende wirtschaftliche Machtstellung.

Vom 15. Jahrhundert an war Tennenbachs Geschichte eine lange Kette von Heimsuchungen: Kriege mit Plünderungen und Brandschatzungen verheerten mehrfach die Abtei. Schwer betroffen wurde das Kloster im Bauernkrieg von 1525, als die Bauern sich von den vielfältigen Abgaben und Zinsen zu befreien versuchten und es in Brand steckten. Mehrmals ist

Gewölberippen mit Schlussstein im Innern der Kapelle

die Anlage auch nach späteren Überfällen renoviert und nach einem Grossbrand im Jahr 1723 im Barockstil neu aufgebaut worden. Schon wenige Jahrzehnte später kam es jedoch zum Zerfall des Klosterlebens und der dazu nötigen Wirtschaftsmacht. Schliesslich hob die Regierung des neuen badischen Staates 1806 alle Klöster im Land auf. Im Befreiungskrieg gegen Napoleon 1813 wurden die Tennenbacher Klostergebäude zum Lazarett; etwa 1500 Österreicher und Bayern starben damals an diesem Ort – ein Denkmal im nahen Wald erinnert daran. 1829 wurde die Klosterkirche abgebrochen und in Freiburg als protestantische Ludwigskirche wieder aufgerichtet, die jedoch im November 1944 beim grossen Luftangriff auf Freiburg den Bomben zum Opfer fiel. Zeugen der einst mächtigen Abtei sind heute nur noch die kleine Kapelle am Waldrand und das Gasthaus ‹Zum Engel›, das sich in einem ehemaligen Wirtschaftsgebäude des Klosters befindet.
Reizvolle Sagen und Legenden ranken sich um die erwähnte Hochburg der Markgrafen von Baden südlich von Tennenbach. So soll dort eine Jungfrau einen reichen Schatz hüten; nachts gehe die ‹weisse Frau› mit ihrem Schlüsselbund in den zerstörten Hallen und Gängen um. In hellen Mondnächten schreite sie singend das ganze Tal hinauf; auf dem Rückweg aber schluchze sie laut vor sich hin, bis sie wieder in den Ruinen der Burg verschwunden ist. Auch in der westlich von Tennenbach gelegenen Burg Landeck soll der Geist der wegen eines Frevels in einem Brunnen versunkenen Brigitte von Landeck um Mittag und um Mitternacht umgehen und Vorübergehende um Wasser gegen ihren Durst bitten.

GANZES JAHR

Basel Am 13. jedes Monats um 17.30 Uhr Begehung des Labyrinths auf dem Leonhardskirchplatz.

FRÜHLING

Leymen Prozession vom Dorfzentrum nach Heiligenbrunn am 1. Mai um 9 Uhr. Anschliessend Messe und Volksfest.

St. Peter Grosse Prozessionen an Christi Himmelfahrt und an Fronleichnam. Festgottesdienst jeweils um 9 Uhr, anschliessend Flurprozession mit Trachten. An Fronleichnam führt die Prozession vorbei an blumengeschmückten Altären.

SOMMER

Soultzbach-les-Bains Johannisfeuer am letzten Samstag im Juni nach Beginn der Dunkelheit.

Munzingen (Freiburg-Munzingen) St. Erentrudisfest (‹Munzinger Käppelefescht›) am 30. Juni oder am Sonntag danach, mit Gottesdienst, Musik und Bewirtung.

Thierenbach Kirchweihfest am 1. Sonntag im Juli mit mehreren Gottesdiensten und Lichterprozession um 21 Uhr.

St. Ulrich Ulrichsfest am Sonntag vor oder nach dem 14. Juli: 9.30 Uhr Festgottesdienst mit Prozession zur Ulrichsquelle, 14.30 Uhr Ulrichsvesper mit Segnung des Ulrichswassers.

Hunawihr Jakobusfest am 25. Juli. – Fête de l'Ami Fritz (elsässisches Traditionsfest mit Umzug) am vierten Wochenende im Juli.

Staufen St. Anna-Fest am Sonntag vor dem 26. Juli: Gottesdienst auf dem Marktplatz mit Prozession, anschliessend grosses Volksfest.

Ermitage Frère Joseph (Ventron) Pilgertag mit Messe im Freien am letzten Sonntag im Juli.

Oberlarg Fest der 14 Nothelfer am letzten Sonntag im Juli: um 15 Uhr Gottesdienst, anschliessend Prozession mit Fahrzeug-Segnung.

Niederrotweil St. Pantaleonsfest am Sonntag nach dem 27. Juli: Festgottesdienst mit Pferdesegung um 9.30 Uhr.

St. Märgen Festgottesdienst und Prozession am 15. August (Mariä Himmelfahrt).

Gengenbach Kräuterbüschelweihe am 15. August (Mariä Himmelfahrt) im Festgottesdienst um 9 Uhr in der Stadtkirche St. Marien; um 10.30 Uhr Kräuterbüschelprämierung auf dem Marktplatz.

Undervelier Tag der Kranken in der Grotte Sainte-Colombe am 15. August (Mariä Himmelfahrt) ab 14 Uhr.

Leymen Mitte August wird in Heiligenbrunn jeweils ein kleines Volksfest zugunsten der Renovation der Kapelle abgehalten.

HERBST

Haslach im Kinzigtal Hansjakob-Wanderwoche auf den ‹Erzählspuren› des Haslacher Dichters Heinrich Hansjakob jeweils im September.

St. Märgen Prozession nach dem Gottesdienst zum Fest Mariä Einzug am 2. Oktobersonntag.

WINTER

Ziefen ‹Nünichlingler›: Männer-Umgang mit Kuhglocken und hohen Zylindern an Heiligabend um 19 Uhr.

Rheinfelden CH Brunnensingen der Sebastianibruderschaft am 24. Dezember um 23 Uhr und am 31. Dezember um 21 Uhr.

Buchenbach Fasnachtsfeuer mit Scheibenschlagen und Feuerrad am Samstagabend nach Aschermittwoch.

Liestal Kienbesenumzug am Sonntag nach Aschermittwoch ab 19 Uhr: Hell auflodernde ‹Kienbesen› (gebündelte Föhrenscheite) werden auf den Schultern durch die verdunkelte Altstadt getragen; besonders eindrücklich ist die Durchfahrt der Funken sprühenden, meterhohe Flammen aufwerfenden ‹Feuerwagen› durch das Stadttor.

(Die Veranstaltungsdaten können sich ändern, genaue Auskunft geben die Gemeinden und die Tourismusbüros.)

Informationen aus dem Internet

Telefonnummern der Tourismus-Büros

NORDWESTSCHWEIZ

Basel www.basel.com

Basel Tourismus Tel. +41 (0)61 268 68 68

Delémont www.juratourisme.ch

Office du Tourisme, Delémont: Tel. +41 (0)32 420 47 71

Musée jurassien d'art et d'histoire: Tel. +41 (0)32 422 80 77

Frenkendorf (Schauenburgerfluh) www.frenkendorf.ch

Baselland Tourismus, Liestal: Tel. +41 (0)61 927 64 84

Liestal www.liestal.ch / www.archaeologie.bl.ch

Tourist-Info: Tel. +41 (0)61 921 58 07

Muttenz www.muttenz.ch / www.refmuttenz.ch

Baselland Tourismus, Liestal: Tel. +41 (0)61 927 64 84

Rheinau www.rheinau.ch

Gemeindeverwaltung Rheinau: Tel. +41 (0)52 305 40 80

Rheinfelden www.rheinfelden.ch / www.tourismus-rheinfelden.ch

Tourismus Rheinfelden: Tel. +41 (0)61 833 05 25

Undervelier www.undervelier.ch

Jura Tourisme: Tel. +41 (0)32 420 47 70

Wittnau www.wittnau.ch / www.fricktal.ch

Aargau Tourismus, Aarau: Tel. +41 (0)62 824 76 24

Ziefen www.ziefen.ch

Baselland Tourismus, Liestal: Tel. +41 (0)61 927 64 84

ELSASS

Hunawihr www.alsace-route-des-vins.com

Office de Tourisme du Pays de Ribeauvillé et Riquewihr:

Tel. +33 (0)389 49 08 40

Illfurth www.cc-secteurdillfurth.fr

Communauté de Communes du Secteur d'Illfurth:

Tel. +33 (0)389 25 44 88

Oberlarg www.jura-alsacien.net

Office du Tourisme du Jura Alsacien, Ferrette:

Tel. +33 (0)389 08 23 88

Ottmarsheim www.ottmarsheim.com

Information touristique Ottmarsheim: Tel. +33 (0)389 26 27 57

Pfaffenheim www.alsace-route-des-vins.com

Office du Tourisme du Canton de Rouffach:

Tel. +33 (0)389 78 53 15

Saint-Dié-des-Vosges www.ville-saintdie.fr

Office Déodatien du Tourisme: Tel. +33 (0)329 42 22 22

Saint-Dizier-l'Évêque www.saintdizierleveque.fr

Maison du tourisme du Territoire de Belfort:

Tel. +33 (0)384 55 90 90

Soultzmatt www.vallee-noble.net /

www.alsace-route-des-vins.com

Office du Tourisme du Canton de Rouffach:

Tel. +33 (0)389 78 53 15

Soultzbach-les-Bains www.soultzbach.com

Office du Tourisme de la Vallée de Munster:

Tel. +33 (0)389 77 31 80

Thierenbach www.thierenbach.org

Pèlerinage Notre-Dame de Thierenbach, Guebwiller:

Tel. +33 (0)389 76 95 66

Ventron – Ermitage du Frère Joseph www.frerejo.com

Office du Tourisme de Ventron: Tel. +33 (0)329 24 07 02

Winkel / Ferrette www.jura-alsacien.net

Office de Tourisme du Jura Alsacien, Ferrette:

Tel. +33 (0)389 08 23 88

SÜDBADEN

Betberg (Gemeinde Buggingen) www.buggingen.de

Tourist-Information Heitersheim: Tel. +49 (0)7634 402 12

Bischoffingen (Stadt Vogtsburg im Kaiserstuhl)

www.vogtsburg-im-kaiserstuhl.de

Touristik-Information Vogtsburg i. K.: Tel. +49 (0)7662 940 11

Blansingen (Gemeinde Efringen-Kirchen) www.efringen-kirchen.de

Fremdenverkehrsamt Efringen-Kirchen:

Tel. +49 (0)7628 80 60

Bleibach (Gemeinde Gutach im Breisgau) www.gutach.de /

www.zweitaelerland.de

Tourismus Zweitälerland, Gutach-Bleibach:

Tel. +49 (0)7685 194 33

Bötzingen www.boetzingen.de /

www.badische-seiten.de/boetzingen

Tourismusbüro Bötzingen: Tel. +49 (0)7663 93 10 14

Breisach Touristik, Breisach: Tel. +49 (0)7667 94 01 55

Buchenbach www.dreisamtal.de

Tourist-Info Dreisamtal, Kirchzarten:

Tel. +49 (0)7661 90 79 80

Bühl (Gemeinde Klettgau) www.klettgau.de

Rathaus Klettgau-Griessen: Tel. +49 (0)7742 93 52 00

Freiburg im Breisgau www.freiburg.de

Tourist-Information Freiburg i. Br.: Tel. +49 (0)761 388 18 80

Tourismus südlicher Schwarzwald, Hauptgeschäftsstelle

Freiburg i. Br.: Tel. +49 (0)761 218 73 04

Schwarzwald-Tourismus GmbH, Freiburg i. Br.:

Tel. +49 (0)761 296 22 71

Gengenbach www.stadt-gengenbach.de
Kultur- und Tourismus GmbH, Gengenbach:
Tel. +49 (0)7803 93 01 43

Haslach im Kinzigtal www.haslach.de
Tourist-Information im Alten Kapuzinerkloster, Haslach:
Tel. +49 (0)7832 70 61 70

Hüfingen www.huefingen.de
Informations- und Kulturamt: Tel. +49 (0)771 60 09 24

Munzingen (Stadt Freiburg im Breisgau) www.freiburg.de
Tourist-Information Freiburg i. Br.: Tel. +49 (0)761 388 18 80

Niederrotweil (Stadt Vogtsburg im Kaiserstuhl)
www.vogtsburg-im-kaiserstuhl.de
Touristik-Information Vogtsburg i. K.: Tel. +49 (0)7662 940 11

Nimburg (Gemeinde Teningen) www.nimburg.de /
www.teningen.de / www.kaiserstuhl.eu
Breisach Touristik, Breisach: Tel. +49 (0)7667 94 01 55

St. Märgen www.st-maergen.de
Tourist-Information St. Märgen: Tel. +49 (0)7669 91 18 17

St. Peter www.st-peter-schwarzwald.de
Tourist-Info St. Peter: Tel. +49 (0)7660 91 02 24

St. Ulrich (Gemeinde Bollschweil) www.bollschweil.de
Touristik-Information Bollschweil-St. Ulrich:
Tel. +49 (0)7633 95 10 14

Schlatt (Stadt Bad Krozingen) www.bad-krozingen.de
Tourismus südlicher Schwarzwald, Hauptgeschäftsstelle
Freiburg i. Br.: Tel. +49 (0)761 218 73 04
Schwarzwald-Tourismus GmbH, Freiburg i. Br.:
Tel. +49 (0)761 296 22 71

Staufen www.staufen.de
Tourist-Information Staufen: Tel. +49 (0)7633 805 36

Sulzburg www.sulzburg.de
Tourist-Information Sulzburg: Tel. +49 (0)7634 56 00 40

Tennenbach (Stadt Emmendingen) www.emmendingen.de
Tourist-Information Emmendingen:
Tel. +49 (0)7641 194 33

Allgemeine Portale

www.frankreich-experte.de
www.freiburg-schwarzwald.de
www.frsw.de
www.land-am-rheinfall.org
www.myswitzerland.com
www.mythische-orte.com
www.oberrhein-abc.com
www.ronde-des-fetes.asso.fr
www.schwarzwald-tourismus.info
www.tourisme-alsace.com
www.tourismtrirhena.com
www.velotouren.ch
www.visit-alsace.com

(Angaben ohne Gewähr)

Weitere Informationen zu öffentlichen Verkehrsmitteln

NORDWESTSCHWEIZ

Regio-Fahrplan Band 1: Basel und Umgebung; Band 2: Nordwestschweiz. Ausserdem sind bei den Basler Verkehrsbetrieben im Kundenzentrum am Barfüsserplatz und an Bahnhöfen Fahrpläne für den Landkreis Lörrach und TER Alsace erhältlich. Fahrplanauskunft / Informationen Mo–Fr 8–12 und 13.30–17 Uhr: Tel. +41 (0)61 685 13 13 / www.tnw.ch / info@bvb-basel.ch

SBB Rail Service Tel. 0900 300 300 (CHF 1.19/Minute, nur aus dem Schweizer Telefonnetz) / www.sbb.ch / fahrplan (auch für Verbindungen nach D und F)

ELSASS

TER Alsace Auskunft täglich 7–22 Uhr: Tel. +33 (0)892 35 35 35 (Euro 0.34 /Minute) / www.sncf.com / www.ter-sncf.com/alsace www.fahrplan-online.de / www.l-k.fr

SÜDBADEN

Regio-Fahrplanauskunft Verkehrsverbund Lörrach

Tel. +49 (0)7621 41 54 65 (8–16 Uhr) oder +49 (0)1805 77 99 66 (rund um die Uhr, Euro 0.14 / Minute) / www.efa-bw.de / www.bahn.de (auch für Verbindungen nach CH und F)

(Angaben ohne Gewähr)

LITERATUR (Auswahl)

Altenbach, Gilbert / Legrais, Boune: Lieux magiques et sacrés d'Alsace et des Vosges. Editions du Rhin, Steinbrunn-le-Haut 1983.

Association des Amis de l'Église Historique de Hunawihr: Die Wehrkirche von Hunawihr. 1990.

Baer, Casimir Hermann: Die Kunstdenkmäler des Kantons Basel-Stadt, Bd. 3: Die Kirchen, Klöster und Kapellen, 1. Teil. Birkhäuser, Basel 1941.

Bardout, Michèle: La paille et le feu. Traditions vivantes d'Alsace. Berger-Levrault, Paris 1980.

Biedermann, Hans: Knaurs Lexikon der Symbole. Droemer Knaur, München 1998.

Blind, Fernand: Inauguration de l'aménagement paysager et touristique de la source de l'Ill à Winkel, 17 mai 2003. Plaquette touristique 2003.

Bollinger, Hans et al.: Reformierte Kirchgemeinde Ziefen-Lupsingen-Arboldswil. 1997.

Brommer, Hermann (Hg.): Wallfahrten im Erzbistum Freiburg. Schnell und Steiner, München / Zürich 1990.

Brommer, Hermann: Gengenbach. Kirchen und Berglekapelle. Kunstverlag Josef Fink, Lindenberg 1999.

Brommer, Hermann: Evangelische Kirche St. Laurentius Bischoffingen. Kunstverlag Josef Fink, Lindenberg 2002.

Christen, Franz / Schweizer-Völker, Edith: 453 x Baselstab. Buchverlag Basler Zeitung, Basel 1992.

Derungs, Kurt: Geheimnisvolles Basel. Heiligtümer und Kultstätten im Dreiland. Edition Amalia, Bern 1999.

Doerflinger, Marguerite / Leser, Gérard: À la quête de l'Alsace profonde. Rites, traditions, contes et légendes. Editions S.A.E.P., Ingersheim-Colmar 1986.

Eggs, Jürgen (Hg.): Das Gengenbach-Buch. Ein Streifzug durch Geschichte und Gegenwart von Gengenbach und den Ortschaften Bermersbach, Reichenbach und Schwaibach. Stadt Gengenbach, Gengenbach 1990.

Evangelisch-reformierte Kirche des Kantons Basel-Landschaft (Hg.): Reformierte Kirchen und Pfarrhäuser im Baselbiet. Liestal 2001.

Fester, Richard et al.: Weib und Macht. Fünf Millionen Jahre Urgeschichte der Frau. Fischer, Frankfurt 1986.

Früh, Sigrid (Hg.): Der Kult der Drei Heiligen Frauen. Märchen, Sagen und Brauch. Edition Amalia, Bern 1998.

Geiges, Leif: Faust's Tod in Staufen. Kehrer Verlag, Freiburg i. Br. 1989.

Gemeinde Buggingen (Hg.): Betberg 789–1989. Festschrift zum 1200jährigen Bestehen. August Schmidt, Müllheim 1989.

Gigon, Raymond / Wenger, Rémy: Inventaire spéléologique de la Suisse II: Canton de Jura. Commission de spéléologie de la Société helvétique des sciences naturelles, Porrentruy 1986.

Glotz, Marc: Promenades historiques à travers du Sundgau occidental. Société d'Histoire du Sundgau, Riedisheim 2006.

Göppert, Joseph: Das Gengenbacher ‹Bergle›. Badische Heimat, Nr. 2, 1978.

Göttner-Abendroth, Heide: Die Göttin und ihr Heros. Die matriarchalen Religionen in Mythos, Märchen und Dichtung. 5. Aufl., Verlag Frauenoffensive, München 1984.

Gruber, Walter / Philipp, Dorothee: Südschwarzwald / Southern Black Forest / Forêt Noire du Sud. Kehrer Verlag, Freiburg i. Br. 1991.

Gubler, Hans Martin: Klosterkirche Rheinau. 3. Aufl., Gesellschaft für Schweizerische Kunstgeschichte, Bern 1990.

Hanhart, Joseph (Hg.): Die grosse Bibel von Moutier-Grandval. Editions Heuwinkel, Allschwil o. J. [1979].

Hansjakob, Heinrich: Aus meiner Jugendzeit. 16. Aufl., Haslach im Kinzigtal 1986.

Hermann, Manfred: St. Märgen im Schwarzwald und seine Wallfahrtsgeschichte. Kunstverlag Josef Fink, Lindenberg 2002.

Heyer, Hans-Rudolf: Die Kunstdenkmäler des Kantons Basel-Landschaft, Bd. 1: Der Bezirk Arlesheim. Birkhäuser, Basel 1969.

Heyer, Hans-Rudolf: Die Kunstdenkmäler des Kantons Basel-Landschaft, Bd. 2: Der Bezirk Liestal. Birkhäuser, Basel 1974.

Heyer, Hans-Rudolf / Murbach, Ernst: Dorfkirche Muttenz. 2. Aufl., Gesellschaft für Schweizerische Kunstgeschichte, Bern 1988.

Historisches Museum Basel (Hg.): Der Basler Münsterschatz. Christoph Merian Verlag, Basel 2001.

Jösel, Martin: Johann Faust und Johannes Gast. Anmerkungen zur Legendenbildung um Faust im Basel des 16. Jahrhunderts. In: Das Markgräflerland, Jg. 53, Heft 2, Schopfheim 1991, S. 58–81.

Kaiserstuhl-Tuniburg, Ferien- und Freizeitführer. TS Verlag, Neuenburg am Rhein 2006 / 2007.

Kath. Pfarramt Oberrotweil am Kaiserstuhl (Hg.): Wallfahrt zum heiligen Pantaleon. 1998.

Kath. Pfarramt St. Ulrich (Hg.): St. Ulrich, Schwarzwald. 7. Aufl., Schnell und Steiner, Regensburg 2000.

Kern, Franz: Das Dreisamtal mit seinen Kapellen und Wallfahrten. 4. Aufl., Schillinger, Freiburg i. Br. 1997.

Kern, Hermann: Labyrinthe. Erscheinungsformen und Deutungen. 5000 Jahre Gegenwart eines Urbilds. 3. Aufl., Prestel, München 1995.

Kern, Franz / Stratmann, Wilhelm / Heck, Dieter: Ulrich von Zell. Der Reform verpflichtet. Schnell und Steiner, München / Zürich 1992.

Koehler, Patrick: Le sanctuaire Notre-Dame de Thierenbach. Valblor, Illkirch 2007.

Küng, Christoph: Martinsweg Wittnau. Dreiklang Aare-Jura-Rhein, Wölflinswil, 2003.

Kurrus, Karl: Die St. Pantaleonswallfahrt in Niederrotweil. In: Beiträge zur Volkskunde in Baden-Württemberg, Bd. 1. Theiss, Stuttgart 1985, S. 209–224.

Landspurg, Adolphe: Les hauts lieux d'énergie d'Alsace, des Vosges et de la Forêt Noire. Editions du Rhin, Mulhouse 1992.

Leuzinger, Fridolin / Flury, Hannes-Dirk (Fotos): Romanische Strasse im Elsass. Buchverlag Basler Zeitung, Basel 1989.

List, Karl: Sankt Cyriak in Sulzburg (Grosse Baudenkmäler, Heft 187). 16. Aufl., Deutscher Kunstverlag, München / Berlin 1995.

Marti, Reto: Zwischen Römerzeit und Mittelalter. Forschungen zur frühmittelalterlichen Siedlungsgeschichte der Nordwestschweiz (4.–10. Jahrhundert). Archäologie und Museum, Jg. 41, Liestal 2000.

Maurer, François: Die Kunstdenkmäler des Kantons Basel-Stadt, Bd. 4: Die Kirchen, Klöster und Kapellen, 2. Teil. Birkhäuser, Basel 1961.

Maurer, Theodor: Die heilige Odilie. 2. Aufl., Rudolf Geering, Dornach CH 1982.

Merz, Blanche: Orte der Kraft in der Schweiz. 3. Aufl., AT-Verlag, Aarau 1999.

Mezger, Werner: Narrenidee und Fastnachtsbrauch. Studien zum Fortleben des Mittelalters in der europäischen Festkultur. Universitätsverlag, Konstanz 1991.

Meyer, Werner: Burgen von A bis Z. Burgenlexikon der Regio. Druckerei Klingental, Basel 1981.

Moosbrugger-Leu, Rudolf: Die Chrischonakirche von Bettingen. Archäologische Untersuchungen und baugeschichtliche Auswertung (Materialhefte zur Archäologie in Basel, Heft 1). Verlag Archäologische Bodenforschung Basel-Stadt, Basel 1985.

Mühleisen, Hans-Otto: St. Peter auf dem Schwarzwald. 2. Aufl., Kunstverlag Josef Fink, Lindenberg 2004.

Müller, Albin / Heiz, Arthur: Rheinfelden. Paul Haupt, Bern 1980.

Müller, Christian Adolf: Der Sundgau. Geschichte, Landschaft und Baudenkmäler. Hg. v. Lony Müller. Wepf, Basel 1978.

Müller, Felix: Götter – Gaben – Rituale. Religion in der Frühgeschichte Europas (Kulturgeschichte der antiken Welt, Bd. 92). Philipp von Zabern, Mainz 2002.

Muller, Marc: Die Basilika Unsere Liebe Frau von Thierenbach. Éditions Du Signe, Strasbourg 2001.

Munck, André / Glotz, Marc / Claerr Stamm, Gabrielle: Le guide du Sundgau. Editions Coprur, Strasbourg 1989.

Rebetez, Jean-Claude et al. (Hg.): Pro Deo. Das Bistum Basel vom 4. bis ins 16. Jahrhundert. Fondation des Archives de l'ancien Évêché de Bâle, Porrentruy 2006.

Reinhardt, Ludwig: Helvetien unter den Römern. Geschichte der römischen Provinzial-Kultur. Benjamin Harz, Berlin 1924.

Renner, Willfried: Die Geschichte der Bergkirche in Nimburg. (Vervielfältigung, Kippenheim 1973).

Rosenthaler, Kurt J.: Rheinfelden Kultur Odysee: Die Johanniterkapelle. Editions Spiserhus, Rheinfelden 2004.

Rothen, Bernhard / Rüegg, Daniel (Hg.): Ein Weg durch die Zeit. 900 Jahre Kirche St. Jakob Basel. Verlag arteMedia, Riehen bei Basel 2006.

Schauber, Vera / Schindler, Hanns Michael: Heilige und Namenspatrone im Jahreslauf. Pattloch Verlag, Augsburg 1998.

Schmidt-Abels, Georg: Geheimnisvoller Breisgau. Wege zu magischen Hügeln. Waldkircher Verlag, Waldkirch 1995.

Schmidt-Abels, Georg: Geheimnisvolle Regio. Waldkircher Verlag, Waldkirch 2001.

Schweikert, W.: Rund um Emmendingen. Verkehrsverein Emmendingen, o.J.

Schweizer-Völker, Edith: Butzimummel – Narro – Chluri. Bräuche in der Regio. Buchverlag Basler Zeitung, Basel 1990.

Schweizer-Völker, Edith: Volksfeste im Dreiland. Buchverlag Basler Zeitung, Basel 1998.

Schweizer-Völker, Edith / Schulte-Kellinghaus, Martin (Fotos): Mythische Orte am Oberrhein. Ausflüge in die Dreiländerregion Elsass – Südbaden – Nordwestschweiz. 2. Aufl., Christoph Merian Verlag, Basel 2006.

Stintzi, Paul: Die Sagen des Elsasses, gesammelt nach der Volksüberlieferung und gedruckten Quellen, Bde. 1 und 2. Alsatia, Kolmar 1929–1941.

Stintzi, Paul: Die Landskron und das elsässische Leimental. Laufen 1949.

Stintzi, Paul: Der Sundgau. Landschaft, Geschichte, Kultur. Schillinger, Freiburg i. Br. 1985.

Stintzi, Paul: Unsere liebe Frau vom Schauenberg. 2. Aufl., Schnell und Steiner, München / Zürich 1993.

Strübin, Theodor: Ein gallo-römisches Höhenheiligtum auf der Schauenburgerflue. In: Baselbieter Heimatbuch, Bd. 12. Verlag des Kantons Basel-Landschaft, Liestal 1973, S. 214–231.

Sutter, Paul: Die Macht der Unbefleckten. Geschichte der besessenen Kinder von Illfurth. Ed. ‹Maria duce›, Mulhouse 1952.

Trenkle, Hermann: St. Georg in Bleibach. 3. Aufl., Schnell und Steiner, Regensburg 2004.

Trenkle, Hermann: Der Totentanz in der Beinhauskapelle zu Bleibach. Waldkircher Verlag, Waldkirch 1999.

Tronquart, Georges: Le camp celtique de la Bure, Saint-Dié. Cité des Leuques – Capitale Toul? Société Philomatique Vosgienne 1997.

Ueberwasser, Walter: Die evangelische Kirche in Blansingen und ihre Bilderzyklen. 3. Aufl., Schnell und Steiner, München / Zürich 1974.

Vortisch, Friedrich: Drei-Jungfrauenkult am Rheinknie. Das Markgräflerland, Jg. 41. Ühlin, Schopfheim 1979, Heft 3/4.

Weisser, Ernst / Mainka, Martina: Zwischen Himmel und Erde. Kirchen und Kapellen der Region. Rombach Verlag, Freiburg i. Br. 2006.

Wörner, Hans Jakob / Wörner-Hasler, Judith Ottilie: Abteikirche Ottmarsheim. 3. Aufl., Kunstverlag Josef Fink, Lindenberg 2002.

Zureich, Beatrix: Der heilige Fintan von Rheinau. Sein Leben und seine Spiritualität. Miriam-Verlag, Jestetten 2003.

Dank

Die Autorin dankt für Hinweise: Dr. Rolf d'Aujourd'hui, Basel; Iris Bieder, Basel; Michael Donner, Blansingen; Angela Faesch, Basel; Peter Galli, Niederrotweil; Prof. Dr. Waldemar Grosch, Weingarten; Prof. Dr. Thomas Gusick, Strasbourg; Werner Huber, Muttenz; Wolfgang Kenk, Bollschweil-St. Ulrich; Patrick Koehler, Thierenbach; Kultur- und Tourismus GmbH, Gengenbach; Alois Krafczyk, Haslach im Kinzigtal; Dr. Ursa Krattiger, Basel; Ingrid Kühbacher, Freiburg im Breisgau; Christoph und Caroline Küng, Wittnau; Helen Liebendörfer, Muttenz; Roger Mure, Soultzmatt; Sonja Nees-Groeflin, Binningen; Hubert Roth, Klettgau-Bühl; Dr. Gerhard Ruff, Zurzach; Hans Schaetzle, Gutach-Bleibach; Dr. Klaus Scherzinger, Glottertal; Wilfried Studer, Neuenburg am Rhein; Dr. Jürg Tauber, Liestal; Johannes Wenk-Madöry, Riehen.

Ein besonderer Dank gebührt dem Fotografen Dr. Martin Schulte-Kellinghaus für seine engagierte Mitarbeit auch bei den Recherchen.

Autoren und Verlag danken den folgenden Institutionen für ihren Beitrag an die Drucklegung des Buches: Johann Wolfgang von Goethe-Stiftung, Lotteriefonds Basel-Landschaft, Lotteriefonds Basel-Stadt, Georg Wagner-Stiftung.

Bibliografische Information der Deutschen Bibliothek:
Die Deutsche Bibliothek verzeichnet diese Publikation in der Deutschen Nationalbibliografie; detaillierte bibliografische Daten sind im Internet über http://dnb.ddb.de abrufbar.

ISBN 978-3-85616-362-4

Ein Unternehmen der Christoph Merian Stiftung

www.merianverlag.ch

Lektorat: Stefan Hess, Basel
Gestaltung: DillierundDillier, Urs Dillier, Basel
Lithos: DillierundDillier, Thomas Dillier, Basel
Druck: Offsetdruckerei Karl Grammlich, Pliezhausen
Bindung: Buchbinderei Dollinger, Metzingen
Schriften: Swift Regular, Akzidenz Grotesk
Papier: Euro Bulk 135 g/m2